Der Feststellungsanspruch.

Der

Feststellungsanspruch.

Ein Beitrag
zur Lehre vom Rechtsschutzanspruch.

Von

Adolf Wach.

Sonderabdruck
aus der Festgabe der Leipziger Juristenfakultät für B. Windscheid
zum 22. Dezember 1888.

Leipzig,
Verlag von Duncker & Humblot.
1889.

Inhaltsverzeichnis.

	Seite
I. Die Theorieen über die Natur des Feststellungsanspruchs	4—15
II. Der Feststellungsanspruch ein Rechtsschutzanspruch	15—33
III. Feststellungsklage und Verurteilungsklage	34—44
IV. Der Gegenstand der Feststellung	44—51
V. Das Feststellungsinteresse	51—66

Der unscheinbare Paragraph 231 der Civilprozeßordnung bedeutete für viele deutsche Gebiete eine tiefgreifende Neuerung. Er erweiterte den Rechtsweg in richtigem Verständnis für die Bedürfnisse des Rechtslebens. Die Praxis hat sich seiner eifrig bemächtigt. Man darf das Gesetz zu den wichtigsten Bestimmungen der an Reformen so reichen und für die Entwickelung der Rechtspflege so heilsamen Civilprozeßordnung rechnen. Seine Form läßt über seinen Zweck und Willensinhalt keinen Zweifel. Nur die unvermeidliche Allgemeinheit des Kriteriums des „rechtlichen Interesses" an alsbaldiger Feststellung scheint der Auslegung des § 231 ernstere Schwierigkeit zu bereiten. Und dennoch hat dieses Gesetz ein wissenschaftliches Problem, wenn nicht geschaffen, so doch in den Vordergrund gedrängt. Wir haben die Feststellungsklage in das System der Rechtsschutzmittel einzureihen, sie in das richtige Verhältnis zu den Klagen — wie man sich auszudrücken beliebt — auf Leistung oder Verurteilung zu stellen. Wir haben sie in Einklang zu setzen zu dem Begriffe des Klagerechts, als dessen eine wichtige Erscheinungsform sie auftritt. So wird sie zum Prüfstein der Richtigkeit und Anwendbarkeit der hergebrachten Begriffe. Bisher ist ein Einverständnis über das Wesen der Feststellungsklage und die sie von ihrer Schwester, der Verurteilungsklage unterscheidenden Merkmale noch nicht erzielt. Richtiges und Falsches ist gesagt. Aber die Aufgabe ist ungelöst, so lange noch nicht in einer bis auf die Grundbegriffe zurückgehenden, alle Verzweigungen aufdeckenden Weise der innere Zusammenhang der Rechtsmittel in prozessualer und materiellrecht=

licher Beziehung klargelegt ist. In den folgenden Zeilen will ich im Anschluß an Gedanken, welche ich in meinem Handbuch des deutschen Civilprozeßrechts ausgesprochen habe, einen bescheidenen Beitrag zur Lösung des Problems zu geben versuchen.

I.

Die Theorieen über die Natur des Feststellungsanspruchs.

1. Die Motive zur Civilprozeßordnung in der Fassung des zweiten und dritten Entwurfs haben bekanntlich einen privatrechtlichen Feststellungsanspruch aufgestellt. Er soll Anerkennungsanspruch sein. Sie sagen:

„wenn das Gesetz neben der Klage auf die dem Rechtsverhältnisse entsprechende Leistung eine Klage auf Feststellung einräumt, so erkennt es damit an, daß aus dem Rechtsverhältnisse neben dem Ansprüche auf Leistung ein weiterer selbständig verfolgbarer Anspruch auf Feststellung erwächst. Wie der Anspruch auf Leistung, so kann auch der Anspruch auf Feststellung verletzt werden — und nur, wenn er verletzt ist, liegt Anlaß zur Erhebung einer Klage auf Feststellung vor."

Der Verfasser der Motive rechtfertigt damit das Fehlen der Worte „ohne vorangegangene Rechtsverletzung" im Gesetzentwurf. Er geht von der Vorstellung aus, daß der sog. Feststellungsanspruch auf einer Stufe steht mit dem Leistungsanspruch. Beide sollen aus dem materiellen Recht, dem Rechtsverhältnis entspringen, beide Unterarten des allgemeineren Begriffs des privatrechtlichen Anspruchs bilden. Ausdrücklich wird § 231 für ein Gesetz erklärt, welches im Civilgesetzbuch seinen richtigen Platz hätte[1]). Damit

---

[1]) Die Motive des Entwurfs eines bürgerlichen Gesetzbuchs Bd. I. S. 359

wäre die Harmonie des Ganzen hergestellt. Welcher Inhalt dem Feststellungsanspruch zukommen soll, wird nicht entwickelt. Doch nötigen frühere Äußerungen der Motive des § 231 (223) zu der Annahme, daß an einen Anspruch auf Anerkennung gedacht werde. Denn sie verweisen auf das für die Anerkennungslehre Epoche machende Werk O. Bährs und sprechen von „Klagen auf Anerkennung, auf Feststellung von Rechtsverhältnissen" in einem Sinne, welcher erkennen läßt, daß man beides für begrifflich gleichwertig hält.

Motivenanbeter sind nun befriedigt. Für solche, welche in den Motiven einen maßgebenden Ausdruck des gesetzgeberischen Gedankens finden, steht es jetzt fest, daß § 231 ein materielles Recht auf Anerkennung im Falle des rechtlichen Interesses giebt, daß dieses Recht verletzbar ist und in der Klage auf Feststellung verfolgt wird. So lehren manche[2]) und finden eine Stütze in der weitverbreiteten Anschauung, daß jede Klage das Geltendmachen von Rechten, materiellen Ansprüchen sein müsse, und in den partikularrechtlichen Vorschriften, welche Klagen auf Anerkennung zuließen. Auch die Praxis ist, scheint es, zum Teil von jenen Vorstellungen beherrscht, denn immer wieder erscheinen Klagen, welche, gestützt auf § 231, die Verurteilung zur „Anerkennung" erbitten, und Urteile, welche schuldig sprechen „anzuerkennen".

Es wäre müßig, an dieser Stelle noch einmal den zweifellos richtigen Satz ausführen zu wollen, daß die Motive der CPO. keine

---

begründen das Schweigen desselben über die Nativität der Klagen damit, daß „thatsächlich" die CPO. bereits genügende Stellung zur Frage genommen habe.

[2]) Die Motive des Entwurfs eines bürgerlichen Gesetzbuchs Bd. I S. 291 sagen: „nicht unter den Anspruchsbegriff im Sinne des Entwurfs fällt das Recht auf Feststellung des Bestehens oder Nichtbestehens eines rechtlichen oder thatsächlichen Verhältnisses durch richterlichen Spruch (CPO. § 231). Gegenstand dieses Rechts ist nicht eine Leistung." Sie fahren fort: „Die CPO. steht in letzterer Hinsicht auf einem abweichenden Standpunkte; die Motive zu § 223 des Entwurfs werden von dem Gedanken eines der Feststellungsklage zu Grunde liegenden Anspruchs beherrscht." — Aber sind denn die Motive das Gesetz? Wenn zum Schlusse in Parenthese hinzugefügt wird: „vgl. auch § 293 der CPO.", so werde ich mich mit diesem Citat bei anderer Gelegenheit auseinanderzusetzen haben.

autoritative Kraft haben, ja daß die dogmatische Konstruktion, selbst wenn sie im Gesetz auftritt, nicht bindet. Wohl aber muß noch einmal an den schon anderweit von mir entwickelten Gegensatz des die Geschichte des Gesetzes enthaltenden und deshalb für die Auslegung wichtigen Materials einerseits und des über den fertigen Gesetzes=(Entwurfs=)Text reflektierenden und deshalb nur nach seiner inneren Wahrheit zu messenden Motiveninhalts aufmerksam gemacht werden[3]). Die oben angeführten Motive zu § 231 reflektieren über den schon vorliegenden Wortlaut des Entwurfs. Dieser ist aus dem norddeutschen Entwurf § 191 Abs. 1 entnommen und war in der ersten Fassung der Motive der deutschen CPO. folgendermaßen begründet worden:

„Der Rechtssatz, daß die Klagerhebung von einer bereits thatsächlich eingetretenen Rechtsverletzung abhängig sei, ist bereits gegenwärtig durch einzelne positive Gesetze durchbrochen, und die Praxis der deutschen Gerichte hat sich mehr und mehr freieren Anschauungen genähert. Das Bedürfnis zur Abwendung **bevorstehender** Rechtsverletzung eine Klage zuzulassen, ist unleugbar vorhanden, sofern die Parteien an der Feststellung des Rechtsverhältnisses, dessen Verletzung sie befürchten, ein rechtliches Interesse haben."

Da ist nichts von der Konstruktion der späteren Motive, ja es ist das Gegenteil von dem ausgesprochen, was sie enthalten[4]). Es fragt sich also: ist ihr Inhalt wahr? Die Antwort ist schon von anderer Seite gegeben. Man hat längst erkannt, daß der civilistische Anerkennungsanspruch aus der CPO. § 231 nicht nur nicht abzuleiten ist, sondern daß der Rechtsgang der CPO. seiner Annahme geradezu entgegensteht. Die CPO. § 231 enthält nicht den Rechtssatz: wer ein rechtliches Interesse an der Anerkennung, „Rekognitiverklärung", hat, darf solche fordern. Die Feststellungsklage ist

---

[3]) Vgl. mein Handbuch des deutschen Civilprozeßrechts Bd. I. Leipzig 1885. S. 283, 284.

[4]) Auch in den Protokollen des norddeutschen Entwurfs S. 524 ff. 579. 773 ff. 1104 ff. findet die Anerkennungstheorie keine Stütze.

nicht Klage auf Verurteilung zur Abgabe einer Willenserklärung, — andernfalls wäre sie eine unter den § 230 fallende Leistungsklage. Allerdings braucht § 231 selbst das Wort „Anerkennung", aber in dem Sinne der richterlichen Anerkennung, Feststellung der Echtheit, wie durch den Parallelismus von „Anerkennung einer Urkunde" und „Feststellung der Unechtheit" klargestellt wird. — Die „Anerkennung" in der mündlichen Verhandlung (CPO. § 278) ist nicht „Erfüllung", wendet nicht das Feststellungsurteil ab. Man verfälscht und verkümmert den § 231, wenn man ihm den Gedanken einer im Feststellungsprozeß zu realisierenden civilen Obligation, der obligatio ad agnoscendum unterschiebt. Die CPO. hätte ihn nicht aussprechen können, ohne zugleich die Anerkennung selbst in ihrem Wesen, ihrer Form und ihren Wirkungen zu regeln. Wie konnte dieses Gesetz eine generelle nur an die vagen Voraussetzungen des rechtlichen Interesses geknüpfte Anerkennungspflicht schaffen, ohne sich mit der Zwiespältigkeit der geltenden Civilrechte über das Wesen der Anerkennung auseinanderzusetzen? Wie konnte sie die Realisierung in der Form des richterlichen Feststellungsurteils wollen, ohne selbst zu wissen und zu sagen, was es eigentlich zu vollstrecken galt? Sie hätte in die Luft gebaut.

Man hat versucht, das Anerkennungsrecht, den materiellen Feststellungsanspruch im Sinne des Anerkennungsanspruchs näher zu bestimmen. Plósz[5]), geleitet durch die energische Gedankenarbeit Degenkolbs in dessen Werk „Einlassungszwang und Urteilsnorm", auf welches unten zurückzukommen sein wird, findet in dem Feststellungsanspruch einen Kautionsanspruch, ein Recht auf Anerkennung in einer dauernde Sicherung gewährenden Form. „Demgemäß müßte das auf die Anerkennungsklage erfolgte bejahende Urteil einen gegen den Beklagten gerichteten Leistungsbefehl enthalten, nämlich auf genügende Kaution, z. B. auf Anerkennung mittelst öffentlicher Urkunde. Daß das Anerkennungsurteil dennoch äußerlich keine Kondemnation, keine Anerkennung einer Pflicht des

---

[5]) Beiträge zur Theorie des Klagerechts, Leipzig 1880, S. 162 ff.

Beklagten enthält, findet seinen Grund darin, weil die öffentlich-rechtliche Feststellung, die Rechtskraft des Urteils, die zustandsmäßige Anerkennung des Beklagten schon an sich genügend sicherstellt. Ein solches Urteil enthält schon seine Vollstreckung in sich." — Wir sehen, wir treiben auf dem Meer der Willkür. Von wem soll es abhängen, welche Form der „Kaution" gefordert werden darf, ob öffentliche Urkunde, private Erklärung der Zeugen, Bürgen, oder Pfänder? Welche Wirkung soll das Anerkenntnis haben? Soll es Beweismittel, Konstitut, Anerkenntnisvertrag sein? Wie kommt es, daß, wenn der Kläger Kaution fordern darf, er statt derselben nach § 231 „Feststellung" fordern muß? Dieser im Bedürfnisfall entstehende generelle, materielle Sicherungsanspruch ist schlechthin unerweislich. Er ist es um so mehr, als sich zeigen wird, daß selbst im höchsten Gefährdefalle kein materielles (civilistisches) Recht auf Sicherstellung entsteht[6]).

Degenkolb hat die entscheidenden Gründe gegen den materiellen Anerkennungsanspruch der Motive mit aller Klarheit erkannt und ausgesprochen. Aber auch er hat sich von dem Gedanken nicht freimachen können, daß die Feststellungsklage einen materiellen Anspruch verfolge, also CPO. § 231 einen solchen verleihe. Das von ihm aufgestellte abstrakte, publizistische Klagerecht, das Recht auf Prozeß ist nicht das Recht auf ein günstiges Urteil, d. h. auf

---

[6]) Der Ansicht von Plósz scheint zu folgen v. Kienitz in einer polemischen Note seiner Abhandlung über Rechtsverhältnis und bestimmten Antrag (Zeitschr. f. Civilprozeß Bd. X S. 215 Note 5). Dort spricht er von Anspruch auf „Feststellung, Anerkennung", nennt ihn „materielles Klagerecht", „Klagerecht auf Sicher- oder Feststellung", parallelisiert ihn mit der Klage auf cautio damni infecti, auf Sicherstellung eines Wechsels. Die Unklarheit, welche den Verfasser beherrscht, wird deutlich durch eine andere Stelle seiner Arbeit (S. 224 ff. Note 12), in welcher er sagt, daß die Feststellungsklage lediglich den im festzustellenden Rechtsverhältnis liegenden Anspruch geltend mache: „Wie die Klage auf Feststellung des Eigentums, des Besitzes, des dinglichen Rechts aus § 231 als die bezügliche dingliche bezw. Besitzesklage anzusehen ist, so war und ist auch die Klage auf Anerkennung bezw. Feststellung eines obligatorischen Rechtsverhältnisses als die betreffende zwar nicht direkt aber indirekt auf Erfüllung gerichtete Klage ex contractu, quasi ex contractu, u. s. w. anzusehen".

die geforderte Feststellung, ist also nicht der Feststellungsanspruch. Dieser selbst ist ihm als Grundlage der Feststellungsklage dem Anerkennungsanspruch gleichwertig, eine Art Sicherungsanspruch, nur daß nicht die Partei, sondern das Gericht die cautio durch sein Urteil erbringt. „Durch solche Einrichtung wird der Einlassungszwang, welcher seinem innersten Wesen nach öffentlichrechtlicher Natur ist, das Objekt eines privatrechtlichen Anspruchs, das Urteil, welches, wie der Prozeß im Dienst der Friedensordnung steht und stehen soll, wird zu einer von dieser Beziehung losgelösten cautio"[7]. So ist Degenkolbs ganze Untersuchung eine Beweisführung dafür, daß es keinen privatrechtlichen Feststellungsanspruch giebt. Er soll Sicherungsanspruch sein und geht nicht auf Sicherheitsleistung des Gegners; das legislative Sicherungsmotiv wird zum Sicherungsrecht erhoben[8]. Er soll im Grunde genommen auf Rekognitiverklärung, Anerkennung, gehen und ist doch kein Recht auf Anerkennung, und durch diese nicht befriedigt. Er hat nach Degenkolbs eigener Erklärung einen wesentlich publizistischen Inhalt; wie kann er privatrechtlich sein? Degenkolbs Feststellungsanspruch ist schlechthin publizistischer Natur[9].

---

[7]) Einlassungszwang, S. 166, vgl. auch S. 169 ff.

[8]) Mit Recht sagt Weismann, Hauptintervention, Leipzig 1884, S. 79 Note 10: „Sofern die materielle Rechtskraft des Urteils Sicherung gewährt, mag man immerhin die Feststellungsklage als Sicherungsklage bezeichnen, doch ist damit nichts gewonnen."

[9]) Dieser um diesen Gegenstand durch den Ernst und die Schärfe seiner Arbeit so hoch verdiente Schriftsteller ist der modernen Rechtsentwickelung nicht gerecht geworden; ihn leitete irre die Vorstellung, daß notwendig der Klage der privatrechtliche Anspruch innewohnen müsse, daß das materielle Recht von sich aus die Anwartschaft auf Anerkennung, im Sinne mindestens einer Anwartschaft auf Unterlassung von Genußverkümmerung oder Genußbedrohung, soweit diese durch Bestreiten erfolge, enthalte (S. 59). Statt die sogenannte Anerkennungsklage als das zu erkennen, was sie war, die unentwickelte, schlecht formulierte Feststellungsklage, welche schlechterdings nicht eine obligatio ad agnoscendum oder dergl. zum Gegenstande hatte, war ihm von solchen Prämissen aus die Feststellungsklage zur Anerkennungsklage geworden. Man würde mit nicht minderem Rechte sagen können, daß die rei vindicatio auf Anerkennung des Eigentumsanspruchs, die Darlehnsklage auf Anerkennung des fälligen Darlehnsanspruchs geht.

Das Gleiche gilt von der Konstruktion, welche **Hellmann** versucht hat[10]). Er fragt: „Weshalb sollte denn nicht ein Privatrechtssatz zu denken sein, der bestimmt: aus einem Rechtsverhältnis entstehen: 1) Rechte auf Leistung, 2) das Recht, die Existenz des Rechtsverhältnisses gegenüber dem Verpflichteten in unbestreitbarer Weise festgestellt zu verlangen?" Zwar könne dem letzteren nur durch das rechtskräftige Urteil, nicht durch den Beklagten genügt werden; aber um deswillen bleibe es nicht minder ein subjektives Recht. Allein — subjektives Recht ist nicht subjektives privates Recht. Es giebt auch subjektive öffentliche Rechte, und **Hellmanns** Feststellungsrecht hat keinen anderen als prozessualen Inhalt. Vergebens bemüht sich dieser Schriftsteller, das Rechtsverhältnis aufzufinden, aus welchem die negative Feststellungsklage fließe. „**Die Thatsache der durch ein Individuum bedrohten Rechtssicherheit eines anderen Individuums**" soll als ein Rechtsverhältnis anerkannt werden, aus welchem für den Bedrohten sich das Recht ergiebt, die Gefahr abzuwenden. Solch Rechtsverhältnis, wenn es privatrechtlich sein sollte, müßte doch wohl irgend welchen Gehalt von Rechten und Pflichten haben, deren Ausdruck und Verfolgung in der Klage läge. Welche Rechte und Pflichten sind es?[11])

2. Immer zahlreicher werden die Stimmen, welche sich gegen

---

[10]) Lehrbuch des deutschen Civilprozeßrechts, München 1886, S. 374 ff.

[11]) Den Anhängern des civilen Feststellungsanspruchs im Sinne der Motive wird gewöhnlich **Rocholl** (s. Note 32) zugesellt. Und in der That bezeichnet er in Billigung des oben kritisierten Gedankenganges der Motive die Feststellungsklage als Anerkennungsklage, nennt sie ein materielles Klagrecht. Des Näheren aber zeigt sich, daß dieser Schriftsteller beeinflußt durch **Degenkolbs** Ausführungen dem Feststellungsanspruch einen Inhalt giebt, welcher ganz nach der publizistischen Seite liegt. Er findet denselben in der (seinen Worten nach allerdings „durch das bürgerliche Gesetz gerechtfertigten") Befugnis, die „**Einlassung**" fordern zu dürfen, „um durch deren Mitwirkung ein Privatrecht zum Gegenstande einer gerichtlichen Verhandlung und Entscheidung zu machen" (S. 109). Diese Einlassungspflicht sei durch die CPO. § 231 erheblich erweitert (S. 110 ff. 113). Aber Einlassungspflicht ist spezifisch prozessual. Das ihr korrespondierende Recht kann also aller gegenteiligen Versicherung unerachtet nur prozessualisch sein.

den eigenartigen aus CPO. § 231 abzuleitenden materiellrechtlichen Feststellungsanspruch erklären. Schon lange hatte Windscheid der Präjudizialklage überhaupt den materiellen Anspruchsgehalt verneint. In der neuesten Auflage seines Lehrbuches sagt er: „Will man — in dieser actio — den Ausdruck eines Anspruchs finden, so kann man als Inhalt desselben nur bezeichnen, daß er auf Anerkennung des Bestehenden gerichtet sei. Richtiger erscheint es aber, die actio praeiudicialis lediglich als prozessualisches Gebilde, Anrufung oder Recht zur Anrufung des Richters, aufzufassen, ohne daß dabei irgend ein Anspruch des Gegners zu Grunde läge. Während in der Regel dem Richter die Entscheidung eines zwischen zwei Parteien streitigen Punkts nur insofern obliegt, als ihm dieselbe notwendig ist, um darüber erkennen zu können, ob einer Partei Unrecht geschehen sei, wird hier eine solche Entscheidung von ihm begehrt, ohne daß sich eine Partei über erlittenes Unrecht beklagte. In welchem Umfang ein solches Begehren zulässig sei, ist eine prozessualische, jetzt durch die Reichscivilprozeßordnung erledigte Frage." Mit großer Entschiedenheit hatte Weismann, diesem Gedanken folgend, die Feststellungsklage ausschließlich als prozessualische Institution reklamiert. Er wurde dadurch dahin gedrängt, das Wesen des Feststellungsprozesses in die Prozeßanticipation zu legen. Spätere Forschungen haben ihn davon zurückgebracht; er hat einen privatrechtlichen Feststellungsanspruch anerkannt, auf den ich im weiteren Verlauf der Darstellung zu sprechen kommen werde.

Wenn das Reichsgericht in wiederholten Entscheidungen verschiedener Senate[12]) der Ansicht Ausdruck giebt, daß „der Klaganspruch sich (im Feststellungsprozeß) richte auf Zulassung der Klage und somit

---

[12]) Entsch. d. III. CS. 13. April 1883 Bd. IX S. 337 f., bes. S. 340; V. CS. 25. Januar 1888 in den Beiträgen zur Erläuterung des deutschen Rechts Bd. XXXII S. 1178: „Die Zulassung der Klage und damit die Verpflichtung des Beklagten, sich auf die Verhandlung über das Bestehen oder Nichtbestehen eines Rechtsverhältnisses einzulassen" u. s. w.; auch abgedruckt in der Juristischen Wochenschrift 1888 S. 110.

auf die Verpflichtung des Beklagten, sich auf die Verhandlung über das Bestehen oder Nichtbestehen des Rechtsverhältnisses einzulassen", so wird damit unter dem Einfluß der Theorie des Einlassungszwanges der Feststellungsanspruch zu dem abstrakten publizistischen Klagerecht, der Befugnis des Klägers gestempelt, durch die, dem § 231 der Civilprozeßordnung entsprechende, Behauptung einen Prozeß und ein Urteil über dieselbe herbeiführen zu können. Nur folgerichtig ist es, wenn — wie ich unten zu beleuchten haben werde — die Frage über die Wahrheit der klagfundierenden Interessebehauptung lediglich zur Vorfrage des Prozesses, dem „Vorverfahren" angehörig, zu einer Frage nach der „Zulässigkeit der Klage" gemacht wird.

Mit Ablehnung oder Billigung jener Theorie vom Einlassungszwang wird in diese prozessualische Klagebefugnis das Wesenhafte der Feststellungsklage von allen denen gesetzt, welche erklären, daß der Gegenstand dieser Klage eben nichts anderes sei, als das materielle Recht, der Anspruch, welcher auch der Leistungsklage innewohne, wogegen der sog. Feststellungsanspruch als solcher nur ein prozessualisches Gebilde formalster Natur sei, jedem zugänglich, der nach § 231 der CPO. zu behaupten wage. Die einen sprechen hier noch von Anspruch, Klagerecht; die anderen lassen diese Ausdrücke nicht gelten. Das ist die Meinung von Westerburg[13]), Löning[14]), v. Wilmowski und Levy[15]), Kohler[16]), Eccius[17]) u. a. m.[18]).

---

[13]) In den Beiträgen zur Erläuterung des deutschen Rechts B. XXVI S. 454.

[14]) Die Widerklage, Berlin 1881, S. 188 ff.

[15]) Civilprozeßordnung, 5. Aufl., Berlin 1888, S. 341 unter Berufung auf Westerburg: „Der Anspruch, welcher festgestellt werden soll, ist wesentlich der Anspruch auf das dem Rechtsverhältnisse entsprechende Verhalten (Leistung). Ein anderer Anspruch originiert aus dem Rechtsverhältnisse nicht; die Feststellung ist nur eine zulässige prozessualische Form der Geltendmachung."

[16]) In Grünhuts Zeitschrift Bd. XIV S. 36 ff.

[17]) In seiner Ausgabe des Försterschen Preußischen Privatrechts 5. Aufl. Bd. I Berlin 1887 S. 235.

[18]) So Kayser im Archiv für civilistische Praxis, Bd. LXX S. 460. Schollmeyer in der Zeitschrift f. deutschen Civilprozeß, Bd. XII S. 290. Vgl. auch Sprenger in Böbikers Magazin, Bd. VII S. 76.

Auch ich war dieser Ansicht; ich habe sie gegen Degenkolb ausführlich zu verteidigen gesucht [19]. Sie ist im Grunde genommen die alte gemeinrechtliche Lehre, hier und da aufgeputzt mit prozessualer Verbrämung, mit dem Zierat des abstrakten publizistischen Klagerechts, dem Recht auf Einlassung, auf Prozeß und Urteil. Der Grundgedanke ist, daß das Civilrecht die Klagbarkeit der Rechte regle, dieselbe die Regel bilde, das Prozeßgesetz die Formen darbiete, deren sich der Kläger zu bedienen habe. Das Klagerecht, wenn ein solches aufgestellt wird, verlegt man in das subjektive Privatrecht; das dem Kläger günstige Urteil ist das thatsächliche Ergebnis zulässiger Klagbehauptung und glücklichen Beweises für jene.

Nicht weit von dieser Ansicht ist entfernt Weismanns neuerdings in seiner Schrift über die Hauptintervention entwickelte Lehre, nach welcher der Feststellungsanspruch ein Fall des Klagerechts, ein Recht auf die Urteilswirkungen und als solches rein privatrechtlich ist, während das Prozeßrecht zufolge der nach § 231 zulässigen Klaghandlung das Recht auf Urteil schlechthin gewährt und aus dem Zusammenwirken jenes materiellen und dieses formellen Rechtes das günstige Urteil hervorgeht [20].

Schon an anderer Stelle habe ich Einwendungen gegen diese Ansichten erhoben und in Kürze zur Fundierung der Dogmatik des Civilprozesses verwertet. Ich glaube erkannt zu haben, daß man aus dem Privatrecht und einer prozessualen Klagmöglichkeit oder einem durch deren Benutzung (Klaghandlung) erwachsenden Rechte auf Urteil die Erscheinungen des Rechtslebens zwar äußerlich erklären, aber nicht innerlich, begriffsmäßig erfassen kann. Allerdings läßt die Prozeßordnung die Klage auf Feststellung des Bestehens oder Nichtbestehens eines Rechtsverhältnisses zu, und erreicht der frivole Kläger seinen Zweck, wenn er ein rechtliches Interesse an der alsbaldigen Feststellung behauptet und beweist oder Versäumnis

---

[19] In meiner Abhandlung „Defensionspflicht und Klagerecht" in Grünhuts Zeitschrift für das Privat- und öffentliche Recht, Bd. VI 1879 S. 553 ff.
[20] Vgl. dazu mein Handbuch Bd. I S. 16 Anm. 13.

ober Geständnis des Beklagten ihn des Beweises überheben. Aber so sicher er die Feststellung trotz Zulässigkeit seiner Feststellungsklage nicht fordern darf, wenn jenes rechtliche Interesse nicht vorhanden ist, so sicher hat er kraft desselben das Recht auf Feststellung an und für sich auch dann, wenn er durch Verfehlungen im Prozeß oder wegen mangelnden Beweises unterliegt. Er hat es, falls er siegt, nicht auf Grund des Beweises — derselbe ist nicht konstitutiv — sondern weil es ihm vor allem Prozeß zustand; er hat es kraft des außerprozessualen, sein rechtliches Feststellungsinteresse begründenden Thatbestandes. Das ist bei der Leistungsklage nicht anders. Das Recht auf Verurteilung wird durch den Verlauf des Prozesses nicht begründet, wenn auch möglicherweise vereitelt. Der Prozeß ist seiner Idee nach Rechtsschutzform; sein Zweck ist Rechtsverwirklichung, nicht Rechtsbegründung. In der Verwechslung des empirischen und des metaphysischen Begriffs liegt der Grund der bekämpften Unklarheit.

Sonach kann kein Zweifel sein, daß, wenn das Recht, die Feststellung zu fordern, nicht schon Inhalt des privatrechtlichen Verhältnisses ist, es durch die Form der Rechtsverfolgung, durch die Klagmöglichkeit, durch das Recht auf Urteil nicht gewährt wird, sondern anderweitig seine Quelle und sein Wesen haben muß. Wie aber soll jener Inhalt aus dem Privatrecht nachgewiesen werden? Lag er bisher darin? Hat ihn die Civilprozeßordnung hineingetragen? Hat sie die Rechtsstellung der Person, indem sie dieselbe mit der Feststellungsklage bewehrte, in irgend einem Stück verändert? Wir sahen: sie giebt ihr kein Nebenrecht auf Anerkennung, auf Sicherheitsleistung und dergleichen. Bestand ein Rechtsverhältniß zwischen den Parteien, so hat es sich durch den Zuwachs der Feststellbarkeit schlechterdings nicht erweitert. Bestand es nicht, wie soll dann vollends durch das Recht, sich gegen Rechtsanmaßung mit negativer Feststellungsklage zu verteidigen, der privatrechtliche Nexus der Personen gestaltet werden? Solche und andere Erwägungen führten mich auf den Gedanken, daß wir es hier mit einem zwar dem Privatrecht sekundären, aber doch relativ selbständigen, Privatrecht und Prozeß verbindenden öffentlichen Rechte, dessen Inhalt den Anspruch auf den staatlichen Rechtsschutz bilden muß, zu thun haben. Ich stellte den Begriff des Rechtsschutzanspruchs[21] auf und bezeichnete den Feststellungsanspruch als eine seiner Arten. Ich halte den Begriff aufrecht und glaube, daß er der Schlüssel ist, welcher uns das Grenzgebiet zwischen Civilrecht und Prozeß und das System der Rechtsschutzmittel eröffnet.

II.
Der Feststellungsanspruch ein Rechtsschutzanspruch.

Der Rechtsschutzanspruch ist das Recht auf civilprozessualischen Schutz, auf den Rechtspflegeakt, welcher das Ziel des Prozesses bildet. Er richtet sich an den Staat, welcher den Schutz gewähren soll; er richtet sich gegen den Gegner, dem gegenüber derselbe zu gewähren ist. Er ist publizistischer Natur; er ist nicht der Ausfluß oder Ausdruck des subjektiven Privatrechts. Er ist aber auch nicht jene publizistische Klagbefugnis, die einem jeden offen steht, welcher in den Formen Rechtens behauptet, einen Anspruch auf Rechtsschutz zu haben. Er ist dem civilen Recht gegenüber selbständig in seinen Voraussetzungen, geknüpft an konkrete außerprozessuale Thatbestände, selbständig in den subjektiven Beziehungen, in seinem Inhalt, in seiner Befriedigung. Er ist der unmittelbare Gegenstand des Civilprozesses. Diese Sätze sollen im folgenden begründet werden.

1. Der Rechtsschutzanspruch oder — wie wir auch zu eng sagen — das Klagerecht ist nicht das subjektive Privatrecht, geschweige denn der civilistische Anspruch. Auf diesen Gedanken mündete der Schluß des ersten Stückes dieser Abhandlung aus. Aber er bedarf stärkeren Beweises, denn er tritt der Überlieferung direkt entgegen. Lehrt doch neuestens wieder einer der angesehensten Civilisten: „Das Klagerecht ist — nicht etwas Selb-

---

[21] In meinem Handbuch Bd. I S. 19 ff.

ständiges, außer dem Recht Stehendes. Es wohnt dem Recht inne. Das Klagerecht bildet eine Eigenschaft des Rechtes, aber das Recht geht nicht in ihm auf. Es giebt ihm die Gewähr, es ist das Mittel, welches seine zwangsweise Verwirklichung vorbereitet[22])". Aber gleichzeitig versichert uns derselbe Schriftsteller, daß das Klagerecht keineswegs das zu schützende Recht notwendig voraussetze, sondern im Gegensatz dazu auch durch „rechtliches Interesse" begründet werde. Wie kann also zu seiner Wesenhaftigkeit gehören, eine Eigenschaft des Rechts zu sein? Und weiter erfahren wir, daß das Klagerecht nicht schon mit dem zu schützenden Recht gegeben sei, sondern daß zu diesem noch ein Weiteres hinzutreten müsse, um jenes zur Entstehung zu bringen: nämlich „das Bedürfnis eines Schutzes durch richterliches Urteil". Aber wie kann etwas die Eigenschaft eines Dinges oder ihm immanent sein und doch noch nicht mit dessen Existenz Bestand haben? Und endlich soll, wie wir hörten, das Klagerecht das „Mittel" sein, welches dem Recht Gewähr giebt und zwar ein Mittel, welches ihm erst im Bedürfnisfalle dienstbar wird: und doch soll dieses Mittel der Rechtsgewähr zugleich Eigenschaft des Rechts sein, also dieses sich durch sich selbst Bewähren, während es in sich selbst noch nicht das erforderliche Mittel hat.

Sicherlich würden solche und ähnliche Definitionen des Klagerechts sich nicht so lange behauptet haben, wenn es nicht üblich gewesen wäre, bei dieser Frage nur die sog. Leistungsklage, die Verfolgung des befriedigungsbedürftigen civilen Anspruchs in den Mittelpunkt der Beobachtung zu stellen. Bei ihr scheint es in der That, als wenn das Recht das Klagerecht ganz in sich trüge, zumal man sich berechtigt glaubte, die prozessualische Seite außer Betracht

---

[22]) Dernburg, Pandekten, Bd. I § 127. Vgl. v. Wächter, Pandekten, hrsg. durch O. v. Wächter, Bd. I, Leipzig 1880, § 98: „Klagrecht ist daher nicht ein besonderes Recht für sich, sondern nur ein Teil des Inhalts, ein Bestandteil desjenigen Rechts, zu dessen Schutz die Klage dient. Ein Klagrecht läßt sich daher nicht denken ohne ein Recht, das durch die Klage geltend gemacht werden soll, und welches die Grundlage bildet, von der die Klage ein Ausfluß ist."

zu lassen, zu ignorieren, daß die Klage sich auf den Staatsakt richtet. Denn der befriedigungsbedürftige Anspruch ist als solcher auch der Regel nach der schutzbedürftige. Und doch bieten sich schon hier Erscheinungen dar, welche hätten stutzig machen müssen. Das Rechtsschutzsystem stellt für den befriedigungsbedürftigen Anspruch verschiedene Schutzmittel auf: zur Entscheidung, zur Vollstreckung und zur Sicherung. Die Entscheidung kann gesucht werden auf dem Wege des ordentlichen oder eines summarischen Verfahrens (des Urkunden= und Wechselprozesses), die Vollstreckung nur auf Grund eines Vollstreckungstitels, die Sicherung im Falle des Arrest= grundes oder eines Grundes für einstweilige Verfügung. Von jenem bekämpften, in der gemeinrechtlichen Theorie ausgebildeten Klagerechtsbegriff aus versuchte ein so scharfer Denker wie Briegleb folgerichtig das ius paratae executionis in das Aktionenrecht ein= zureihen[23]); er meinte, daß im Ordinarium und im Summarium ein aliud ius, „ein Anspruch von anderer rechtlicher Bedeutung" verfolgt werde; denn allerdings ist hier verschiedenes Klagerecht — darüber kann kein Zweifel sein. Ist also das Klagerecht „Eigen= schaft" des materiellen Rechts, des Anspruchs, dann ist hier ver= schieden geeigenschafteter privatrechtlicher Anspruch. Ich glaubte schon im Jahr 1868 widersprechen zu sollen[24]), jetzt habe ich die Freude, diesen Widerspruch auf breiter wissenschaftlicher Basis durch Stein in seiner Monographie über den Urkundenprozeß ausgeführt zu sehen. Urkundenklage und ordentliche Klage bedeuten Verschiedenheit des Rechtsschutzes und damit der Schutzwehr, nicht Verschieden= artigkeit des zu schützenden Rechts. Das hat man denn auch für die prozessuale Wechselstrenge lange erkannt; sie ist nicht Inhalt oder Eigenschaft der Wechselobligation, sondern besondere dem Be= rechtigten gewährte Rechtsschutzform. Daher beurteilt sie sich, wie das ius paratae executionis überhaupt nicht nach der lex rei, sondern nach der lex fori.

---

[23]) In seiner Einleitung in die Theorie der summarischen Prozesse, Leip= zig 1859, S. 344 ff.

[24]) Der italienische Arrestprozeß, Leipzig 1868, S. 168 Anm. 4.

Fast deutlicher noch tritt die Selbständigkeit des Rechtsschutz=
anspruchs heraus im Vollstreckungs= und Arrestanspruch. Man wird
nicht bestreiten können, daß der vollstreckbare Darlehnsanspruch nicht
anders geeigenschaftet ist, als der noch nicht vollstreckbare. Die
Vollstreckbarkeit ist nichts ihm an und für sich Zukommendes. Er
ist das präsente Recht auf das Dare von certa pecunia oder
certa quantitas rerum fungibilium auf Grund des Darlehns und
mobifiziert sich in keinem Stück, wann er vollstreckbar wird, weil
etwa die Kontrahenten das pactum executivum des § 702 Nr. 5
eingingen, oder weil das richterliche Urteil ihm die vorläufige Voll=
streckbarkeit beilegte. In ersterem Fall stehen dem Berechtigten die
Formen des ordentlichen Prozesses, des Urkundenprozesses und des
Vollstreckungsverfahrens offen. Diese Schutzrechte sind nicht dem
Darlehnsanspruch immanent, sind nicht sein Ausfluß, sondern sind
ihm durch das Prozeßrecht dienstbar gemachte Nebenrechte. Wenn
es fürderhin der Exekutivklausel des § 702 Nr. 5 die Vollstreckbar=
keit versagen sollte, wird dadurch in das erworbene Civilrecht
nicht eingegriffen und doch sofort allen bestehenden derartigen Ur=
kunden die Eigenschaft als Vollstreckungstitel entzogen [25]).

Das Arrestrecht giebt dem gefährdeten Gläubiger den Anspruch
auf staatlichen Sicherungsakt. Ich glaubte seiner Zeit darin ein
accessorisches Kautionsrecht sehen zu müssen, unerachtet meiner
damaligen bereits berührten Polemik gegen Briegleb [26]). Ich
hatte den Begriff des Rechtsschutzanspruchs noch nicht erfaßt. All=
seitig ist man, soviel ich sehe, heute darüber einig, daß hier nur
ein prozessuales Sicherungsrecht gewährt wird, ein Anspruch auf
staatlichen Rechtsschutz in Form des Arrestes. Man hat klar unter=
schieden zwischen dem materiellen Recht auf Sicherheitsleistung bei
bedingten Ansprüchen und der im Gefährdefalle entstehenden Arrest=
berechtigung. Die letztere ist dem bedingten Anspruch an sich ver-

---

[25]) Vgl. mein Handbuch Bd. I S. 123, 212.
[26]) Das habe ich in der oben, Note 24 angeführten Schrift nachzuweisen gesucht.

sagt, kann also nur eintreten, wenn ihm das materielle Kautions= recht zukommt, zum Schutze des letzteren. Daher hat man weiter keinen Anstand genommen, den Arrestextrahenten der Anfechtungs= klage nach der Konkursordnung § 23 Nr. 2 bei an sich ausreichend gewesenem Arrestgrund zu unterwerfen. Er hatte im Sinne dieses Gesetzes Sicherung nicht „zu beanspruchen"; denn das Gesetz denkt nur an den materiellen Anspruch. Der Arrestanspruch ist kein dem materiellen Recht immanentes, noch ihm beigesellte accessorisches Klagerecht im Sinne des civilen Nebenrechtes, sondern ein ihm dienender Rechtsschutzanspruch publizistischer Natur.

Aber kehren wir zum einfachen Entscheidungsanspruch, dem Klagerecht, welches die Civilisten, die diesen Gegenstand besprechen, gewöhnlich nur im Auge haben, und zwar zum Anspruch auf rechtskräftige Verurteilung im Gegensatz zur „Feststellung" zurück, so muß selbst bei ihm die Vermischung von civilem Recht, mate= riellem Anspruch und Klagerecht bei näherem Zusehen auffallend genug erscheinen. Das Axiom, von dem wir in dem heutigen Rechtszustande auszugehen haben, ist der Satz: alles, was das Civil= recht, die gesetzliche Ordnung des Gemeinschaftslebens der einzelnen untereinander will, das muß, weil das Gesetz es will und wie das Gesetz es will, durchsetzbar sein. Die subjektiven Rechte müssen sich ihrem Inhalt und der ihnen zugedachten Kraft nach bewähren können. Habe ich das Recht, fordern zu dürfen, so muß diese Forderung erzwingbar sein; habe ich nur das Recht, im gegebenen Fall zu behalten, aufzurechnen, so genügt es, wenn ich zur Abwehr des gegnerischen Angriffs stark gemacht werde. Dazu soll uns unsere Rechtsschutzordnung verhelfen. Was wir Klagbarkeit, Er= zwingbarkeit nennen, ist nur der Ausdruck für die Bejahung des unverkümmerten, des bewährungsfähigen Rechtes auf ein bestimmtes Verhalten, eine Leistung des Verbundenen, und giebt keinen Auf= schluß über Maß und Art der Bewährung, des Zwanges. Der Erkenntnis dieser einfachen Wahrheit hat niemand mehr gedient als Windscheid. Er hat dem Begriff des Anspruchs gegen die für unser Recht unverwendbare actio den Platz erobert. Die actio nata wich dem fälligen Anspruch, die Klagverjährung der Anspruchsverjährung. Windscheid hat den ersten und entscheidenden Schritt gethan, um unseren Begriff des subjektiven Privatrechts zu reinigen von dem aktionenrechtlichen prozessualen Element. An der Stelle, wo er den Gegensatz von actio und Anspruch bespricht, sagt er: „Man darf nicht sagen, die römische actio sei unser Anspruch; in dem Begriffe actio wird ein Element mitgedacht, welches in unserem Begriffe Anspruch nicht enthalten ist, das Element des Gerichts, des gerichtlichen Gehörs und des gerichtlichen Schutzes, der Möglichkeit der Erlangung richterlicher Zuerkennung für das Begehren, welches man hat." Und weiter: „Was wir Rechtsanspruch nennen, ist den Römern Gerichtsanspruch." Wir alle wissen, daß diese Auffassungsweise der Römer mit dem Entwickelungsgange ihres Rechtes in foro zusammenhängt. Wir wissen, daß sie für unser Recht nicht paßt. Wir haben ein System der Rechte, nicht der Aktionen, und daneben haben wir ein durch unsere Rechtspflegeordnung bestimmtes System der Schutzrechte. Wenn wir nichtsdestoweniger in unseren systematischen Darstellungen des Pandektenrechts noch eine Masse spezifisch aktionenrechtlichen Stoffes fortführen, so übt darin das römische Recht auf uns seinen traditionellen Bann. Aus ihm haben wir die Gewöhnung, das Recht noch immer in der Kampfesstellung, in der Rüstung der Schutzform zu denken. Das neueste Pandektenwerk ist dafür ein sprechender Beleg; wir finden in ihm die verschiedenen prozessualischen Schutzformen als privatrechtliche Materie behandelt: die Feststellungsklagen, den Arrest, die einstweiligen Verfügungen, die summaria cognitio[27]). Diese Systematik würde es gestatten, den ganzen Prozeß im Privatrecht aufgehen zu lassen. Mit solcher fest gewordenen Gewöhnung zu brechen ist um so schwieriger, als eine gewisse Berechtigung, im Civilrecht auch der prozessualischen Bewährung zu gedenken, nicht zu bestreiten ist. Immerhin sind die Schutzrechte Nebenrechte im Dienste und zu Nutzen des civilen Rechts. Aber durchaus frei

---

[27]) Wendt, Lehrbuch der Pandekten, Jena 1888.

machen müssen wir uns von der Vorstellung, sie seien sein Inhalt, Bestandteil, eine seiner Seiten, seine Funktion. Zur Begründung noch folgendes.

Wollten wir zugeben, daß die Bewährungskraft, die Erzwingbarkeit Eigenschaft des Rechtes sei, so müßte doch gesagt werden, daß Erzwingbarkeit nicht Klagbarkeit ist. Es giebt klagbare Rechte, die nicht im vulgären Sinne erzwingbar sind und erzwingbare, denen die Klagbarkeit oder doch zeitweise die Klagbarkeit in der Form des ordentlichen Prozesses fehlt. Letzteres, wenn die Parteien durch Schiedsvertrag die Verfolgung auf dem Rechtswege ausgeschlossen haben, oder wenn die Eröffnung des Konkurses über das Vermögen des Gemeinschuldners den Gläubigern den Weg des Sonderprozesses verschließt. Und was hat die Feststellungsklage mit der Erzwingbarkeit zu thun? Das sog. naturale, für gewöhnlich als klaglos bezeichnete Recht, ist solches heutzutage nicht mehr. Es kann der Gegenstand der positiven oder negativen Feststellungsklage sein. Und wie kann die Klage den Inhalt z. B. des persönlichen Anspruchs bilden, wenn dieselbe nicht nur zwischen den Subjekten des obligatorischen Rechtsverhältnisses, sondern gegen Dritte gegeben wird? Und doch geschieht das. Die Obligation genießt Rechtsschutz in Form der Feststellungsklage gegen Dritte, wenn deren Rechtsprätension das rechtliche Feststellungsinteresse begründete; sie genießt ihn in der Form der Hauptintervention (CPO. § 61), in der Form der gegen den pfändenden Gläubiger gerichteten Vollstreckungsintervention (CPO. § 690), in der Form der Aussonderungsklage im Konkurse. Indem das Prozeßgesetz in allen diesen Fällen der Forderung Rechtsschutzwege eröffnet, welche früher zum Teil unbekannt waren, hat es ihren Inhalt, die Bestandteile der Obligation schlechthin unberührt gelassen, oder man müßte annehmen, es sei derselben eine Art dinglichen Charakters beigelegt. Ich verweile einen Augenblick bei den beiden letzterwähnten Fällen. Die Widerspruchsklage oder Aussonderungsklage des Deponenten oder Kommodanten kann aus dem Wesen und Inhalt ihrer Rechte an und für sich nicht abgeleitet werden. Denn würde der Schuldner die hinterlegte oder geliehene

Sache veräußert oder verpfändet haben, so stände dem Deponenten oder Kommodanten als solchem gegen den Erwerber oder Pfandnehmer keine Klage zu. Aber das Prozeßrecht eröffnet sie ihm in dem eigenartigen Rechtsschutzmittel des Widerspruchs gegen die Spezial- oder General-Exekution, indem es nicht will, daß die staatliche Zwangsgewalt Mithilfe leiste bei einem widerrechtlichen Akt. Denn berechtigt ist nur die Zwangsvollstreckung in das Vermögen des Schuldners, und als ein zur Entziehung der Sache aus der Exekution, insbesondere dem Pfandnexus, durch sein rechtliches Interesse hinlänglich legitimirter Dritter erscheint der Deponent oder Kommodant jedenfalls. Daher soll er sich hemmend (§ 696 Abs. 3, 688 Abs. 1) in die Vollstreckung mischen können und des eigenartigen Rechtsschutzes der Interventionsklage teilhaftig werden [28]).

Vollends unmöglich und unbegreiflich ist die Theorie von der Immanenz des Klagerechts im subjektiven Privatrecht, wenn Klagerechte unabhängig von subjektiven, durch sie zu schützenden Privatrechten bestehen. Daß sie bestehen, kann angesichts der negativen Feststellungsklage heute von niemand mehr bestritten werden.

2. **Der Rechtsschutzanspruch ist ein relativ selbständiges, der Aufrechterhaltung der konkreten Privatrechtsordnung dienendes und daher sekundäres Recht und selbständig in seinen Voraussetzungen.**

Die Selbständigkeit seiner Voraussetzungen bedarf kaum noch des Beweises. Die Voraussetzungen der Feststellungsklage werden unten näher untersucht werden. Nur einige allgemeine Bemerkungen mögen hier Platz finden. Voraussetzung jedes Rechtsschutzanspruchs ist das berechtigte Rechtsschutzinteresse, das vom Gesetz anerkannte Bedürfnis nach Schutz in der Form bestimmten Rechtspflegeaktes.

---

[28]) Mit dieser Ausführung ist nichts darüber entschieden, ob nach Maßgabe des § 231 dem Deponenten oder Kommodanten, oder bei Forderungspfändung dem durch sie bedrohten wahren Gläubiger nicht auch der Rechtsschutz in selbständiger Feststellungsklage zusteht. Vgl. dazu das Urteil des VI. CS. des Reichsgerichts vom 10. März 1887 in Seuffert, Bd. XLII Nr. 187. Im übrigen s. über dasselbe unten Note 85.

Der durch unsere Rechtspflegeordnung anerkannte zweifache Schutz=
zweck: Bewährung vorhandenen und Abwehr angemaßten Rechts
scheidet den positiven und negativen Schutzanspruch. Mit diesem
wird kein eigenes Recht verfolgt; seine Form ist die negative Fest=
stellungsklage. Dagegen fußt der positive Schutzanspruch stets auf
eigenem Rechte, findet also in ihm die eine seiner Voraussetzungen.
Die andere liegt im Schutzinteresse. Dieses ist beim befriedigungs=
bedürftigen Recht mit dieser Befriedigungsbedürftigkeit, welche gleich=
bedeutend ist mit der Anspruchsexistenz (dem unbedingten, unbetagten
Anspruch) gegeben. Der gegenwärtige rechtswidrige Zustand muß
aufgehoben und in den rechtmäßigen gewandelt werden können.
Das geschieht durch die Vollstreckung. Aber Anspruchsbestand ist
nicht Vollstreckungstitel. Demnach muß der besondere das Voll=
streckungsrecht begründende Thatbestand (Vollstreckungstitel) hinzu=
treten, um den spezifischen Vollstreckungsanspruch zu begründen.
Der Hauptfall ist das rechtskräftige Urteil; daher schafft Befrie=
digungsbedürftigkeit zugleich den Urteilsanspruch. Aber letzterer ist
nicht nur um des Vollstreckungstitels willen, also nicht von nur
mittelbarem Wert, andernfalls würde die Verurteilung nicht gefor=
dert werden können, wenn man bereits im Besitze eines Vollstreckungs=
titels z. B. nach § 702 Nr. 5 ist, und der Prozeß sein Ende finden
mit dem Gewinn des vorläufig vollstreckbaren Urteils. Das berech=
tigte Entscheidungsbedürfnis und der Entscheidungsanspruch bestehen
neben dem Vollstreckungsanspruch; sie haben die von ihm unab=
hängige Tendenz der unantastbaren Rechtsfeststellung. Die Rechts=
gewißheit ist von selbständigem Wert. Auch der, welcher Vollstreckung
hat oder haben kann, darf fordern, sie unwiderruflich, rechtskräftig
zu haben. Daher begründet der befriedigungsbedürftige Anspruch
auch dann das Recht auf unerschütterliche (rechtskräftige) Bejahung
(Verurteilung), wenn der Beklagte ihn nicht bestreitet, oder unbefrie=
digt läßt, und deshalb genügt sein Anerkenntnis im Prozesse nicht,
um die Verurteilung abzuwenden; denn wir kennen keine Rechts=
kraftwirkung des Anerkenntnisses. Andererseits kann — wie sich
von selbst versteht — von einem Verurteilungsanspruch dann nicht

die Rede sein, wenn die Klage bereits die Rechtskraft für sich hat (exceptio rei iudicatae), oder das befriedigungsbedürftige Recht aufgehört hat, ein solches zu sein, mit andern Worten, wenn es erfüllt ist.

Die Selbständigkeit des Anspruchs auf rechtskräftige dem Kläger günstige Entscheidung ist zum vollen Durchbruch gelangt mit der ungeschmälerten Anerkennung der Feststellungsklage. Das später zu erörternde Feststellungsinteresse giebt Entscheidungsanspruch, welcher, weil eben Anspruch auf rechtskräftige Feststellung, durch das Anerkenntnis im Prozeß ebensowenig abgewendet werden kann, wie der Verurteilungsanspruch. Beim positiven Feststellungsanspruch tritt neben das Feststellungsinteresse die Rechtsexistenz als zweite selbständige Voraussetzung des Entscheidungsanspruchs, während wiederum beim befriedigungsbedürftigen Rechte der eigenartige Anspruch auf Verurteilung unter Einschränkung der Kognition auf sofort und in bestimmter Weise beweisbare Rechtsbehelfe (Urkunden-Wechselprozeß) ebenfalls seine selbständigen Voraussetzungen hat [29]). Und daß sich der Arrestanspruch auf besonderes Schutzinteresse gründet, brauche ich hier nicht weiter auszuführen.

Die Voraussetzungen des Schutzanspruchs gehören der Sachverhandlung und Sachentscheidung im Prozesse an, wie jener selbst den eigentlichen Gegenstand desselben bildet. Ob der geforderte Rechtsschutz zu gewähren sei, ob er, die Wirklichkeit des zu schützenden Rechts vorausgesetzt, diesem zukomme, ist nicht Frage der Zulässigkeit des Prozesses, sondern die Frage des Prozesses [30]). Ein prägnantes Zeugnis der auf diesem Gebiete herrschenden Unklarheit ist die vielfach verteidigte gegenteilige Behauptung. Sie ist mit Vorliebe für die Feststellungsklage aufgestellt worden. Man erklärt das Feststellungsinteresse für eine Prozeßvoraussetzung, eine Klagvoraussetzung, von welcher die Zulässigkeit der Klage abhängt[31]).

---

[29]) Hierzu sind zu vergleichen die Ausführungen Steins a. a. O. S. 95—138. Sie überheben mich des weiteren Beweises.

[30]) Vgl. Stein a. a. O., besonders S. 65 ff. 98 ff.

[31]) Seuffert, Civilprozeßordnung für das deutsche Reich (4. Aufl.),

Und wer den Feststellungsanspruch auffaßt als Recht auf Einlassung, ihn also an die Pforte des Prozesses stellt und von seiner Bejahung abhängig macht, daß sie sich dem Kläger öffne, der hat damit ebenfalls dem Feststellungsinteresse die Beziehung auf den Klaggegenstand entzogen[32]). So steht das Reichsgericht in den oben S. 11 fg. angeführten Entscheidungen. Es verweist das Feststellungsinteresse in das „Vorverfahren, welches die Zulässigkeit der Klage zum Gegenstande habe" und trennt von ihm das „Hauptverfahren, welches die Verhandlung über das Bestehen oder Nichtbestehen des Rechtsverhältnisses befasse".

Die Frage ist von kardinaler Natur. An ihr muß sich die Richtigkeit der einen oder anderen Anschauung bewähren. Ist in der That der Streitgegenstand des Feststellungsprozesses, also der Gegenstand der Sachverhandlung und Sachentscheidung, lediglich das festzustellende Rechtsverhältnis oder wohl gar der materielle Anspruch, und doch ein materieller, auf dem Feststellungsinteresse ruhender Feststellungsanspruch überhaupt nicht vorhanden, so kann es ja nicht anders sein: es muß das Feststellungsinteresse Voraussetzung des Prozesses (iudicium), der Zulässigkeit der Klage sein. Daß es solche nicht ist, kann unwiderleglich bewiesen werden[33]).

Die Feststellungsklage ist zulässig, wenn — von anderen prozessualen Erfordernissen (Prozeßvoraussetzungen) abgesehen — in einer dem § 231 der C. P. O. entsprechenden Weise behauptet wird. Dann ist gültige, rechtswirksame, den Prozeß begründende Klage da. Der Beklagte verhandelt zur Hauptsache, läßt sich ein, wenn er die Abweisung des Feststellungsantrags fordert, weil das Feststellungsinteresse mangelt. Es treten damit alle Wirkungen der

---

Nördlingen 1888 S. 286. M. E. hätte er von seiner gereinigteren Auffassung des Klagerechts aus zum richtigen Schlusse kommen müssen. Vgl. mein Handbuch I S. 23 Anm.

[32]) Rocholl (Rechtsfälle aus der Praxis des Reichsgerichts, Bd. II. Breslau 1885 S. 101 ff.) ist in dieser Lage, aber er ist nicht konsequent; er behandelt doch das Feststellungsinteresse als Bestandteil des Klaggrundes.

[33]) Und wird denn auch von vielen Seiten angenommen: so von Kohler, Weismann, Franke u. a. m.

Einlassung ein. Der Kläger kann nicht mehr die Klage einseitig zurücknehmen, die prorogatio fori hat sich vollzogen, die verzichtbaren prozeßhindernden Einreden sind verloren. — Der Beklagte muß sich auf die in angegebener Weise tadellos behauptete Klage einlassen. Ohne Vorprüfung der Wirklichkeit des Feststellungsinteresses ergeht gegen ihn das Versäumnisurteil. Es wird der Klagantrag verneint, d. h. in der Sache absolutorisch entschieden, nicht die Entscheidung über den Klagantrag abgelehnt, wenn das Feststellungsinteresse verneint wird. Denn der Klagantrag ist Rechtsschutzbegehren. Er lautet als positiver Feststellungsantrag auf „Feststellung, daß ein Rechtsverhältnis bestehe"; er wird verneint ebenso sehr durch Nichtfeststellung, wie durch Feststellung, daß das Rechtsverhältnis nicht bestehe; gleicherweise wird der Antrag auf Verurteilung zu einer Leistung verneint durch Verneinung der Leistungspflicht, wie durch Nichtverurteilung ohne Entscheidung über die Leistungspflicht: vorausgesetzt, daß hier wie dort das Nichtverurteilen bez. Nichtfeststellen die Verneinung des Schutzbedürfnisses ist. Das ist angesichts der Leistungsklage beispielsweise der Fall, wenn der Beklagte sich auf die exceptio rei secundum actorem iudicatae oder auf einen Schiedsvertrag beruft. Logisch korrekt wird die Frage des Schutzbedürfnisses vor der materiellen Rechtsfrage gestellt. Wenn jenes fehlt, darf über diese nicht entschieden werden[34]). Das heißt aber nicht: der Prozeß über diese ist nur „zulässig", wenn Schutzbedürfnis vorliegt. Denn Prozeß über materielles klägerisches Recht ist immer nur Prozeß über behauptetes schutzbedürftiges und schutzberechtigtes Recht; andernfalls wäre das, was sich Prozeß nennt, nur freiwillige Gerichtsbarkeit. Daher entscheidet über den Prozeßgegenstand, wer in seiner Entscheidung entweder das berechtigte Schutzbedürfnis oder das zu schützende Recht verneint. Aber jenes

---

[34]) Rocholl a. a. O. S. 141 billigt, daß die Feststellung ausgesprochen werde, „sobald bei der ersten Verhandlung sich das Bestehen oder Nichtbestehen des Rechtsverhältnisses selbst als unrichtig ergiebt". Die Interessenfrage dürfe übergangen werden. Sonach würde die Feststellung erreichen der Kläger, welcher ein Feststellungsinteresse nicht hat.

soll er vor diesem prüfen. Daher darf, wenn bei erhobener Leistungsklage sich ergiebt, daß das klägerische Recht zwar besteht, aber nicht als fälliges besteht, die Feststellung desselben in dieser Beschränkung nicht erfolgen, denn es fehlt das Schutzinteresse. Der Anspruch wird abgewiesen, ohne daß rechtskräftig über das betagte oder bedingte Recht als solches entschieden wird[35]).

3. **Der Rechtsschutzanspruch ist publizistischer Natur, gerichtet einerseits gegen den Staat, andererseits gegen den Gegner. Jener soll den Rechtsschutz, die Rechtspflegehandlung gewähren, dieser sie dulden.**

Im Rechtsschutzanspruch ist die Brücke geschlagen vom Privatrecht zum Prozeß. In ihm empfängt jenes seine publizistische Kräftigung. In ihm setzt der Staat sich selbst als Garantie und Schutzwehr des Privatrechts. Wir haben gesehen: diesem tritt zur Seite das Recht auf Verurteilung, auf Feststellung, auf Vollstreckung, auf Sicherheitsmaßregel. Wer anders kann der zur Gewähr Verpflichtete sein, als der Staat, von dem allein der Rechtsschutz ausgeht? Ihn ruft der Kläger an mit seinem Antrag, und was er fordert, ist nicht Gnade, nicht Willkürakt, sondern sein Recht. Es ist sein Recht, daß der Beklagte ihm verurteilt, gegen ihn Zwangsmaßregel verhängt werde u. dergl. Aber, wendet man ein, es giebt keinen Anspruch gegen den Staat auf Grund der Prozeßordnung. Ich selbst habe mir früher diesen Einwand gemacht und ihn nicht zu entkräften vermocht. Neuestens haben ihn andere erhoben.

Man hält mir entgegen: „Die Einrichtung der Gerichtsbarkeit beruht auf der Thätigkeit des Staates. Sie ist geordnet durch Normen des öffentlichen Rechts. Diese Normen gebieten dem Staat und dem Richter, unter bestimmten, keineswegs das Dasein privatrechtlicher Ansprüche in sich schließenden Voraussetzungen und in bestimmten Formen den staatlichen Rechtsschutz zu gewähren. Indem diese Normen befolgt werden, tritt der Rechtsschutz in die Erscheinung,

---

[35]) Er darf nicht „zur Zeit" mit der Wirkung solcher rechtskräftigen Feststellung abgewiesen werden.

ohne daß es auf das Vorhandensein von Ansprüchen irgendwie ankommen kann³⁶).“ Aber wenn die Normen dem Staat gebieten und doch offenbar zu Gunsten und im Interesse des Schutzbedürftigen gebieten, unter bestimmten Voraussetzungen „den staatlichen Rechtsschutz zu gewähren“, weshalb soll dann nicht von einer selbstgesetzten Schutzverpflichtung des Staates und demnach von einem Schutzanspruch gegen ihn gesprochen werden dürfen? Ja, müssen wir nicht unter diesen Umständen den Begriff aufnehmen? — Von anderer Seite wird das energischer und grundsätzlicher bekämpft. „Die Parteien", sagt Kohler³⁷), „haben ebenso wenig einen Anspruch gegen das Gericht, als die Bürger überhaupt gegen den Staat auf Vollziehung der Staatsthätigkeit, auf Erfüllung seiner staatlichen Aufgaben; wenn man hier von Anspruch reden will, so darf man es nicht im juristischen Sinne thun, — schließlich müßte man noch von einem Anspruch auf polizeilichen Schutz, auf frische Luft, auf Reparatur der Stadtmauern, auf Vertilgung der Reblaus handeln.“ „Wenn der Staat Recht spricht, so erfüllt er die vernünftige Aufgabe der Menschheit, ebenso, wie wenn er straft, oder, wie wenn der Vater sein Kind züchtigt, oder die Gemeinde für gute Zufahrtsstraßen sorgt.“

Es sei ferne von mir, das freie Atmen, die Anwartschaft auf polizeilichen Schutz u. dergl. als subjektives Recht zu denken. Ich selbst habe mich so entschieden wie möglich gegen so abwegige Vorstellungen erklärt. Aber ist damit das Anrecht auf die Rechtsschutzhandlung auf gleiche Stufe zu stellen? Wer freilich glaubt, alles und jedes öffentliche Recht des Einzelnen gegenüber dem Staate leugnen zu dürfen, der ist auch hier schnell mit der Antwort fertig. Aber der Schriftsteller wenigstens, von dem die letztzitierten Worte herrühren, sollte so nicht denken. Er giebt uns folgende

---

³⁶) Fischer in seiner Rezension meines Handbuches in der Zeitschrift für deutschen Civilprozeß Bd. X S. 428 ff. Seinen Ausführungen im einzelnen nachzugehen, ist nicht erforderlich. Die gegenwärtige Abhandlung ist die Antwort auf sie. Vgl. gegen ihn auch Stein a. a. O. S. 45 ff.

³⁷) Der Prozeß als Rechtsverhältnis, Mannheim 1888 S. 13.

Definition von Anspruch: „die präsente Befugnis, von einem andern eine Thätigkeit oder das Ablassen von einer Thätigkeit zu begehren"[38]. Ist nun etwa solche Befugnis nicht vorhanden, wenn man kraft des Vollstreckungstitels den Vollstreckungsakt, kraft der CPO. § 796 die Anordnung des Arrestes, kraft des Feststellungsinteresses die Feststellung fordern darf? Kommt diese Forderung nicht als eigenstes Recht dem Interessenten zu? — Auch widerlegt sich Kohler selber, wenn er sagt, man dürfe sich gegen ihn nicht auf das öffentliche Wahlrecht und „Ähnliches" beziehen, denn bei der Zulassung der Wahl handele es sich nicht um das Staatsinteresse (mindestens nicht in erster Reihe), sondern um die Mitwirkung der einzelnen an der Staatsregierung[39]. Anderes beiseite, möchte ich fragen, ob es sich denn in erster Linie um das Staatsinteresse handelt, wenn Hinz oder Kunz ihre Habseligkeiten einklagen? Erschöpft sich das allgemeine Interesse hier nicht eben darin, daß den Rechtsschutzinteressenten das Anrecht auf die Staatshilfe eingeräumt wird? Indem der Staat sie eröffnet, legt er sich die Selbstbeschränkung, die Pflicht auf, welche er als Träger der Rechtsordnung und Feind der gewaltthätigen Selbsthilfe, und zwar den Privatrechtsinteressenten gegenüber, auf sich nehmen muß. Um der Vernunftmäßigkeit seines Wollens und Handelns willen bleibt ihm hier keine Wahl. Daher sprechen wir von schnöder Rechtsverweigerung, wenn dem Kläger der Rechtsweg verschlossen wird. Sein Recht ist der durch die Rechtsordnung zugesicherte Rechtsschutz; ohne ihn ist alles Privatrecht leerer Rauch und Schall. Das springt besonders deutlich in die Augen dort, wo das private Recht in dem richterlichen Urteil seine unmittelbare Befriedigung empfängt[40], oder wohl gar ausschließlich in dieser Form befriedigt und verwirklicht werden kann, wie das bei der Scheidung oder Ungültigkeitserklärung der Ehe der Fall ist.

---

[38] In seiner Abhandlung in Grünhuts Zeitschrift für das Privat- und öffentliche Recht der Gegenwart, Bd. XIV (1887) S. 9 ff.

[39] Prozeß als Rechtsverhältnis S. 13 ff. Anm. **.

[40] Vgl. solche Fälle in meinem Handbuch Bd. I S. 12.

Damit hat das Pflichtenverhältnis des Richters zum Staate nichts zu thun. Es ist spezifisch staatsrechtlicher Natur und ruht auf der Anstellung. Der Partei tritt der Richter lediglich als Organ des Staates gegenüber. Wenn hier also überhaupt Pflichten zu erfüllen sind, so sind es solche des Staates gegenüber der Partei[41]). Daß sie des Zwangsapparates entbehren, liegt in der Natur der Sache. Der Staat kann nicht gezwungen werden: hier bedarf es auch des Zwanges nicht, denn der Staat ist das lebendige Recht[42]). In den verfassungsmäßigen Sätzen über die Unabhängigkeit der Rechtspflege, den Ausschluß der Kabinetsjustiz liegen die heiligen Garantieen für die Erfüllung seiner Rechtsschutzpflichten. Immerhin spricht die Reichsverfassung Art. 77 deutlich: „Wenn in einem Bundesstaate der Fall einer Justizverweigerung eintritt und auf gesetzlichen Wegen ausreichende Hilfe nicht erlangt werden kann, so liegt dem Bundesrate ob, erwiesene, nach der Verfassung und den bestehenden Gesetzen des betreffenden Bundesstaates zu beurteilende Beschwerden über verweigerte oder gehemmte Rechtspflege anzunehmen, und darauf die gerichtliche Hilfe bei der Bundesregierung, die zu der Beschwerde Anlaß gegeben hat, zu bewirken."

Freilich ist in neuester Zeit das subjektive Recht gegen den Staat gerade um deswillen geleugnet worden, weil, wie ich oben **bildlich** sagte, er das lebendige Recht ist oder doch sein soll. **Schuppe** führt in seinem verdienstvollen Werke über das subjektive Recht[43]) — ich lasse ihn selbst reden — aus: „Der Staat mit seinen Organen ist das verkörperte, in concreto sich geltend machende objektive Recht, und somit kann, daß dieses jenen verpflichte, nur heißen, daß es sich selbst verpflichte, d. h. daß es

---

[41]) Die Syndikatsklage gehört nicht hierher, wie ich bereits in der oben Note 19 angeführten Abhandlung S. 555 bemerkte, und Fischer a. a. O. S. 429, Kohler a. a. O. S. 14 hervorheben.

[42]) Von Kohler, welcher reaktionsunfähige Ansprüche anerkennt — vgl. die oben Note 38 angeführte Abhandlung S. 14 ff. — befürchte ich in dieser Beziehung keine Einwendung.

[43]) Der Begriff des subjektiven Rechts, Breslau 1887, S. 84 ff.

wolle, daß es selbst zu Gunsten des und des, wenn dieser es wolle, etwas leiste, z. B. das Aussprechen des Zahlungsbefehls event. das Anwenden des Zwangsverfahrens. Daß das objektive Recht verpflichtet sei, kann aber nur heißen, daß es wolle, daß es etwas thue, gleichviel ob es auch dasselbe wolle oder nicht, und das ist Unsinn." — Allerdings, das ist barer Unsinn. Auch ist meines Wissens noch niemand auf den widersinnigen Gedanken verfallen, daß ein subjektives Recht gegenüber dem objektiven als verpflichtetem Subjekt bestehe. Und doch spricht man allgemein von subjektiven Rechten gegen den Staat. Also wird doch wohl Schuppes Prämisse seiner deductio ad absurdum irrig sein. Er meint, was ich oben als Bild brauchte, als nackte Wirklichkeit: der Staat ist das objektive Recht. Gewiß ist es in ihm und als Gesetzesrecht durch ihn, gewiß soll er sich seiner Idee nach mit ihm nie in Widerspruch befinden. Aber wer wird behaupten, daß das Recht der Staat sei? Wäre dem so, dann gäbe es subjektive Rechte des Staates, Rechte, deren Subjekt das objektive Recht ist, ebensowenig, wie Rechte gegenüber dem Staat, und zwar gleichermaßen auf civilistischem, wie auf publizistischem Gebiet. — Es giebt subjektive publizistische Rechte gegenüber dem Staat in reicher Fülle, und zu ihnen gehören die Rechtsschutzansprüche [44]).

Das Recht auf die dem Berechtigten günstige Rechtsschutzhandlung besteht aber nicht nur gegenüber dem Staat, sondern zugleich gegenüber dem Gegner. Dieser hat sie zu dulden. Mit seiner civilistischen Verpflichtung hat das nur insofern etwas zu thun, als wo es sich um deren Schutz und Verwirklichung handelt, er durch Befriedigung das Schutzinteresse beseitigen kann. Daß aber das subjektive Schutzrecht nicht ohne Beziehung auf denjenigen sein kann, gegen welchen man Schutz sucht, liegt nicht nur unleugbar im Begriff und Zweck, sondern tritt auch klar hervor in den Voraussetzungen, Entstehungsgründen, in den einzelnen Erscheinungsformen der Schutzhandlung.

---

[44]) Wer in der römischen actio solche eingeschlossen findet, steht auf dem Standpunkt ihrer grundsätzlichen Bejahung.

Denken wir uns die Schutzmaßregel nicht als wilde, regellose, außerhalb geordneter Zustände waltende Eigenmacht, aber doch kraft Gesetzes in die Hand der Partei gelegt. Wer wird zweifeln, daß sie ein Recht der Partei gegenüber der Partei ist? War nicht die legis actio per manus iniectionem, per pignoris capionem solches Recht? Ist es nicht ein Recht der Partei gegen die Partei, wenn heute der Gläubiger nach CPO. § 744 gegen den Schuldner durch das ihm unweigerlich dienstbare Organ des Gerichtsvollziehers die Forderungssperre, den Arrest verhängen darf? Und ist es denn wesentlich anders, wenn er auf Grund irgend eines Titels durch den Gerichtsvollzieher vollstrecken läßt?

Die Parteien bringen vertragsmäßig das Schutzrecht zur Entstehung z. B. im Falle des § 702 Nr. 5 als Vollstreckungsanspruch. Sie beseitigen es durch ihren Schiedsvertrag. Und es sollte nicht zwischen ihnen bestehen? Nur dadurch, daß wir die Richtung desselben nach beiden Seiten, der des Gerichts und des Gegners, erfassen, wird der Prozeß in seinem organischen Zusammenhang begriffen [45]).

Der Rechtsschutzanspruch ist ein Anspruch nach Maßgabe des Prozeßrechts. Nicht ist er formaler Natur in dem Sinn des spezifisch prozessualen Rechtes, welches an die Parteistellung als solche geknüpft ist. Er ist, wie dargethan, die Folge des außerprozessualen Thatbestandes, und hat zum Inhalt nicht das Recht auf Verhandlung und Urteil, sondern auf dem Berechtigten günstige Rechtsschutzhandlung. Weil aber prozessualisch, untersteht er der lex fori. Die Grundsätze über die Herrschaft des Prozeßrechts in Zeit und Raum sind für ihn maßgebend. Das habe ich ausführlich an anderer Stelle nachgewiesen [46]). Die angeblichen Konsequenzen, welche Kohler aus dem Rechtsschutz-

---

[45]) Auf diesen Punkt kann ich hier nicht weiter eingehen. Andeutungen finden sich in meinem Handbuch I § 4. Die Beweise wird der zweite Band liefern.

[46]) Mein Handbuch des Civilprozesses Bd. I S. 123 ff. 212 ff. 220 ff.

anspruch ziehen will, um ihn zu widerlegen, nämlich seine Dauer als erworbenes Recht trotz Wechsel des Gesetzes⁴⁷), darf ich demnach wohl in ihrer Folgerichtigkeit bestreiten. Gerade wenn das sog. Klagerecht eine Eigenschaft des materiellen Rechtes wäre, müßte sie unter die Kategorie der erworbenen Rechte zählen und den Wechsel des Gesetzes überdauern. Aber sie thut es nicht. Wie § 231 der CPO. sofort auf alle vorhandenen Rechtsverhältnisse, auch die bis dahin völlig klaglosen Anwendung fand, so würde sein Fortfall sofort den Feststellungsanspruch völlig vernichten.

Weil der Rechtsschutzanspruch prozessual, so giebt es keine Verjährung desselben nach civilistischen Grundsätzen. Dieser Begriff ist auf ihn schlechthin unanwendbar. Es giebt nur eine Verjährung des schutzbedürftigen Anspruchs, sein Erlöschen durch Zeitablauf. Mit Recht hat daher der Entwurf des Bürgerlichen Gesetzbuchs davon Abstand genommen, Verjährungsbestimmungen für die Feststellungsklage aufzustellen. Die Motive⁴⁸) sagen: „Feststellungsklagen sind der Verjährung nicht unterworfen. Es geht dies schon daraus hervor, daß es bei ihnen an einem Anspruche im Sinne des Entwurfs fehlt. Aber auch abgesehen hiervon, wäre eine Verjährung dieser Klagen nicht am Platze. Die zeitliche Beschränkung der prozessualen Befugnis, Feststellung zu verlangen, würde mit dem Zwecke des Institutes selbst in Widerspruch treten, welches die Möglichkeit gewähren will, zweifelhafte oder dem Streite ausgesetzte Verhältnisse jederzeit, so lange dieselben bestehen, der richterlichen Entscheidung zu unterstellen, sofern nur ein rechtliches Interesse hierfür dargelegt werden kann." Gewiß, denn der Rechtsschutzanspruch ist lediglich sekundärer Natur. Ihn untergehen lassen durch Nichtgebrauch, während das Recht vollkräftig fortbestehen bliebe, wäre ein Widerspruch in sich selbst.

---

⁴⁷) Prozeß als Rechtsverhältnis S. 16.
⁴⁸) Motive Bd. I S. 295.

III.
Feststellungsklage und Verurteilungsklage.

Der Anspruch des Klägers auf eine günstige rechtskräftige Entscheidung deckt sowohl die sogenannte Leistungsklage, den Anspruch auf Verurteilung, wie die Feststellungsklage. Über den Unterscheidungsgrund beider ist eine Einigung bisher nicht erzielt. Ich gedenke nicht allen aufgetauchten Meinungen nachzugehen; es wäre unfruchtbar. Im folgenden entwickele ich meine Ansicht.

1. Der Gegensatz liegt nicht in der Verschiedenartigkeit der begehrten Rechtsschutzhandlung des Urteils, also nicht in der Verschiedenartigkeit des Rechtsschutzanspruchs an und für sich. Wenn wir von Feststellungs- und Verurteilungsanspruch redeten und reden, so werden damit nur Unterarten des Entscheidungsanspruchs bezeichnet.

Selbstverständlich ist die Formfrage, ob Klage und Urteil auf „feststellen", „verurteilen zur Anerkennung", „schuldig sein zur Leistung" und dergl. lauten, gänzlich bedeutungslos. Wir müssen uns darüber klar sein, daß das rechtskräftige Urteil immer und unter allen Umständen nichts andres ist, als die autoritative bindende Rechtsanwendung zum Zwecke des Rechtsschutzes. Es ist der konkretisierte Gesetzeswille, welcher als solcher immer bindet. Es wendet sich nicht an verschiedene Seelenvermögen: die Vorstellung oder den Willen, je nachdem es Feststellung oder Verurteilung ist. Es hat stets praktische, normative Bedeutung. Auch enthält es, wenn es „verurteilt", nicht etwa einen außerhalb der Bejahung des klägerischen Rechtes liegenden Befehl, eine neben der Dezisive hergehende besondere Dispositive. Verurteilung ist nichts anderes, als Feststellung. Der Gegensatz von pronuntiatio und condemnatio ist heute gegenstandslos[49]). Und immer ist das Urteil Feststellung im Rechtsschutz-

---

[49]) Das hat Degenkolb ausführlich dargelegt.

zweck, nie im Rechtsproduktionszweck. Letzteres selbst dann nicht, wenn das klägerische Recht durch richterlichen Willensakt scheinbar ausgebaut, in ihm das in der einen oder anderen Beziehung unvollkommen geregelte Rechtsverhältnis näher bestimmt oder im Teilungsurteil die Auseinandersetzung vollzogen wird. Überall hat der Richter lediglich dem Gesetze und dem Parteiwillen gemäß zuzusprechen, was dem Berechtigten zukommt.

Freilich kann unter Umständen das Urteil auf die Vollstreckung abzielende Befehle in sich aufnehmen und damit in diese hinübergreifen. Allein derartige Erscheinungen haben mit der Verurteilung an und für sich nichts zu thun. Einen sogenannten Vollstreckungstitel stellt sie notwendigerweise dar, wenn sie die Veränderungsbedürftigkeit (Rechtswidrigkeit) eines Zustandes feststellt.

Daraus folgt bereits die Unrichtigkeit der vielverbreiteten Meinung, welche in der Verschiedenartigkeit der Urteilswirkungen den Gegensatz der beiden Klagen sucht[50]). Man sagt: nur die Verurteilung, nicht die Feststellung gebe einen Vollstreckungstitel; die Leistungsklage habe die materiellen Folgen des Rechtsverhältnisses als Titel der Zwangsvollstreckung, die Feststellungsklage die Fixierung des Rechtsverhältnisses für künftigen Leistungsprozeß zum Gegenstande[51]); der Feststellungskläger rufe die Staatsgewalt nur in ihrer rein judizierenden, der Leistungskläger in der judizierenden und vollstreckenden Funktion an; die Feststellungsklage antizipiere nur Bestandteile des künftigen Leistungsprozesses, sei nur präparatorischer Bedeutung, könne daher nie Vollstreckung bewirken, oder wie sonst die mannigfachen Abwandelungen dieses beliebten Gedankens lauten mögen. — Aber Verurteilung ist allemal dann nicht Vollstreckungstitel, wenn bereits im Urteil selbst dem Kläger die Erfüllung seines Begehrens wird, ohne daß es eines Vollstreckungsaktes bedarf[52]). Und versteht man unter Vollstreckbarkeit oder Vollstreckungstitel das

---

[50]) Auch ich habe in meinem Handbuch Bd. I S. 11 ff. mich nicht ganz korrekt ausgedrückt. Zum Teil Unhaltbares S. 17 Note 14.

[51]) Vgl. statt aller die Motive zu § 231.

[52]) Vgl. mein Handbuch Bd. I S. 12.

ohne weiteres realisierbare Vollstreckungsrecht, dann fehlt solches häufig genug der Verurteilung, so trotz unzweifelhafter Leistungsklage bei der Verurteilung zur Leistung gegen Gegenleistung, gegen Aushändigung einer Urkunde oder retinierten Sache, gegen Bestellung einer Sicherheit [53]), und nicht minder überall dort, wo die Vollstreckung infolge veränderter Umstände noch den Nachweis anderweiter Thatsachen, z. B. der Aktiv- oder Passivlegitimation, zur Voraussetzung hat [54]). Man darf also aus dem Mangel sofortiger Vollstreckbarkeit nicht auf die Feststellungsklage zurückschließen, wie andrerseits die Vollstreckbarkeit des Urteils die dasselbe begründende Klage nicht zur Leistungsklage stempelt. Es ist zweifellos, daß das einen betagten Anspruch feststellende Urteil nach CPO. § 672 mit dem Eintritt des Fälligkeitstermins vollstreckbar wird. Das Gesetz sagt: „Ist die Geltendmachung eines Anspruchs von dem Eintritt eines Kalendertages abhängig, so darf die Zwangsvollstreckung nur beginnen, wenn der Kalendertag abgelaufen ist." Sollte also das Urteil feststellen, daß der Beklagte „schuldig ist", dem Kläger mit dem Eintritt des Tages eine bestimmte Summe zu zahlen, so liefert dieses Urteil einen betagten Vollstreckungstitel. Ebenso liegt es nach CPO. § 664 bei Feststellung bedingter Leistungspflicht. Aus der demnächst vollstreckbaren Bejahung der Leistungspflicht folgt nichts für die Natur der Klage als Leistungsklage [55]). Ob sie solche, oder ob sie Feststellungsklage war, kann nur aus ihr selbst, den Voraussetzungen des Rechtsschutzanspruchs entnommen werden [56]). Bestand er allein nach Maßgabe der CPO. § 231, so war die Klage Feststellungsklage.

2. Der Rechtsschutzgrund bildet das Kriterium der Unterscheidung zwischen Feststellungs- und Leistungsklage. Man hat diesem Gedanken häufig genug in der Wendung Ausdruck gegeben: diese setze eine Rechtsverletzung voraus, jene nicht. Und damit hat man,

---

[53]) Vgl. CPO. § 664. 666. 667.
[54]) Vgl. CPO. § 665.
[55]) Wie ich selbst früher irrtümlich angenommen habe: Handbuch Bd. I S. 17 Note 14.
[56]) Wie zutreffend O. Bähr, Urteile S. 156, hervorhebt.

wenn auch nicht in glücklicher Formel, den Kern der Sache getroffen. Bevor ich das nachweise, muß ich nur noch kürzlich die Meinung zurückweisen, als liege der Gegensatz im privatrechtlichen Gegenstande des Rechtsstreits, oder doch auch in ihm. Dieser sei bei der Leistungsklage, wie oben berichtet, ein Anspruch, die materielle Folge des Rechtsverhältnisses, dagegen bei der Feststellungsklage letzteres selbst in seiner Anspruchslosigkeit. Aber es wird niemand bestreiten können, daß die negative Feststellungsklage gerade so wie die Leistungsklage einen Anspruch, einen gegenwärtigen, fälligen Anspruch zum Gegenstande des Streites machen kann: nur nicht den Anspruch des Klägers, sondern des Beklagten, nicht angriffs-, sondern verteidigungsweise, wennschon in Klageform. Man drehe die Rollen im Leistungsprozesse um, so hat man negativen Feststellungsstreit. Man lasse den Beklagten gegenüber einer Teilklage auf 300 bei Berührung gegenwärtigen Anspruchs auf 10 000 widerklageweise die negative Feststellung des ganzen Anspruchs fordern, und man hat einen Feststellungsprozeß über die materiellen Folgen des Rechtsverhältnisses. Ich werde zu beweisen haben, daß der Gegenstand positiver Feststellungsklage nicht nur ein bedingter oder betagter, sondern auch ein präsenter Anspruch sein kann.

3. Der Grund des Urteilsschutzes trennt Leistungs- und Feststellungsklage. Dort liegt das Rechtsschutzinteresse in der Befriedigungsbedürftigkeit des Rechts, hier in anderweitem Umstand, in Thatbeständen, welche, wie § 231 sagt, "ein rechtliches Interesse" an der "alsbaldigen" Feststellung begründen. Die Leistungsklage macht das Recht als befriedigungsbedürftiges, also unbefriedigtes, wie man sagt "verletztes", als nach Erfüllung strebendes, als gegenwärtigen Anspruch geltend, die Feststellungsklage nicht also. Die Befriedigungsbedürftigkeit ist, wie keiner weiteren Ausführung bedarf, immer Rechtsschutzgrund. Die Feststellungsklage, welche ihn nicht für sich hat, muß sich auf andere das Schutzinteresse (Feststellungsinteresse) gründende Thatsachen stützen. Indem aber CPO. § 231 solche zum Schutzgrund erhebt, erweitert sie allerdings in bedeutsamster Weise das "Klagsystem". Nicht schafft sie eine neue Art

von Rechtsschutzanspruch, aber sie dehnt den Anspruch auf rechtskräftigen Urteilsschutz weit über die Grenzen bisheriger Zulässigkeit aus. Sie leiht ihn Rechtsverhältnissen und Rechtslagen, welche bis dahin nie durch Klage ihre Bewährung finden konnten.

Die Richtigkeit dieser Anschauung wird schon durch die Antithese der §§ 230 und 231 erwiesen. Der § 230 fordert zur Klagbegründung nichts als den Anspruchsgrund und denkt dabei an den Thatbestand, welcher den civilen Anspruch als gegenwärtigen, daher befriedigungsbedürftigen und schutzberechtigten erscheinen läßt. Dagegen setzt § 231 das besondere Schutzinteresse voraus. Es ist also hier gedacht an rechtliche Beziehungen, bei denen deren Bestand die Klage an und für sich noch nicht begründet. Hierin erschöpft sich die ganze praktische Seite des erörterten Gegensatzes. Darauf kommt es an, ob Urteilsschutz schon für das existente Recht als solches gefordert werden darf, oder ob es noch besonderer, das Schutzinteresse erzeugender Thatsachen bedarf.

Daraus folgt: nur in Form der Feststellungsklage kann geltend gemacht werden das bedingte oder betagte Recht. Denn als solches ist es nicht schutzberechtigt; die Klage, welche nackt auf Verurteilung zur Zahlung oder Feststellung einer noch betagten Forderung angestellt würde, müßte abgewiesen werden; ebenso die Klage auf Verurteilung zur Leistung beim Eintritt des Verfalltags oder der Bedingung, falls nicht ein besonderer Schutzgrund hinzutritt, der die Klagbarkeit begründet[57]). Eine Klage aus dem Recht auf fortgesetzte, zum Theil nicht fällige Leistungen ist Leistungsklage nur soweit sie Fälliges verfolgt, Feststellungsklage im übrigen[58]). Es

---

[57]) Über die Kündigungsklage s. unten Note 72. Im allgemeinen vgl. über diese einfache Frage die Ausführungen von Rocholl a. a. O. S. 123, A. Förster in Zeitschrift f. deutsch. Civilprozeß Bd. VIII S. 128 ff. Vgl. Entwurf eines bürgerlichen Gesetzbuchs § 190 Abs. 1: „Die Verurteilung zu einer Leistung ist nur zulässig, wenn die Fälligkeit bereits eingetreten ist."

[58]) Gewöhnlich spricht man hier nur von einer Klage auf Verurteilung. Vgl. die spätere Note und u. a. Weismann, Feststellungsklage S. 130; Rocholl a. a. O. Vgl. jedoch Entsch. d. Reichsgerichts Bd. XII S. 147, XIII S. 372 ff.

kann sich nur fragen, ob für die Forderung auf zukünftige Leistungen nicht die Thatsache bisheriger Nichterfüllung ausreichender Schutzgrund ist. Die Praxis bejaht, und auch der Entwurf eines Bürgerlichen Gesetzbuchs thut es[59]). Ich werde später auf diesen Punkt zurückkommen. — Nur die Klage, welche den gegenwärtigen Anspruch als **befriedigungsbedürftigen** verfolgt, ist Leistungsklage. Das thut nicht die Schäden= oder Interessenklage, in welcher die Liquidation des Anspruchs anderem Prozesse vorbehalten wird[60]). Das Rechtsschutzinteresse kann hier nicht schon aus der Rechtsverletzung, der Nichtzahlung an und für sich hergeleitet werden, denn der geforderte Rechtsschutz ist nicht geeignet, dieselbe zu beseitigen. Wie sollte jenes Interesse begründet werden, wenn der Beklagte seine Ersatzpflicht überhaupt nie in Zweifel gezogen hat und nur Streit besteht über die Höhe derselben, oder gar der Kläger letztere noch gar nicht zur Ziffer gebracht, also eine Forderung noch nicht gestellt hat, welche der Beklagte zu befriedigen sich in der Lage befände? Schädenklage, der kein Leistungsbegehren zu Grunde liegt, ist keine Leistungsklage.

Der präsente Anspruch wird nicht als befriedigungsbedürftiger erhoben, wenn er nicht gegenüber dem Verpflichteten, sondern gegenüber dritten, Forderungsprätendenten, wie es CPO. § 61, 72 denkt, geltend gemacht wird[61]).

Besondere Aufmerksamkeit fordert die Klage, welche ein

---

[59]) Freilich in einer Form, die auf unrichtiger Auffassung des Verhältnisses von Feststellung und Verurteilung ruht. Der § 190 Abs. 2 lautet: „Bei wiederkehrenden Leistungen, welche nicht auf Rechtsgeschäft beruhen, kann die Verurteilung auch für die später erst fällig werdenden Leistungen erfolgen."

[60]) Nach mehrfachen abweichenden und schwankenden Entscheidungen ist das jetzt anerkannt durch die Plenarentscheidung des Reichsgerichts vom 28. Juni 1888, abgedruckt in der juristischen Wochenschrift, Jahrgang 1888 Nr. 42 S. 362 f. Vgl. auch Protokolle des Norddeutschen Entw. S. 579.

[61]) Manche — so Rocholl a. a. O., A. Förster, CPO. § 231 Note 4a — wollen hier keine Feststellungsklagen sehen. Aber was dann? Der Name „Konfliktsklage" u. dergl. thut doch nichts zur Sache, vgl. mein Handbuch I S. 23. Falsche Prämissen über die Natur des festzustellenden Rechtsverhältnisses führen hier zu falschem Schluß. Vgl. unten S. 49.

präsentes Recht auf Dulden oder Unterlassen verfolgt. Ich erwäge es zunächst als obligatorisches und spreche nicht von etwaigen Ansprüchen auf positive Leistung. So lange das Recht befriedigt, nicht durch Zuwiderhandlung verletzt ist, bedarf es des Rechtsschutzes nicht, es sei denn Grund zur Feststellungsklage vorhanden. — Daher wird sie bei turbatio verbis, die ja den Anspruch noch immer befriedigt läßt, am Platze sein; sie macht den präsenten Anspruch nicht als befriedigungsbedürftigen, sondern als feststellungsbedürftigen geltend. Tritt das factum turbativum, die Zuwiderhandlung ein, so begründet dieses die Klage auf Erfüllung, Verurteilung. So wird man logisch korrekt scheiden. Aber man beachte wohl, daß hier Feststellungs- und Leistungsklage in Eins verschmelzen. Die eine wie die andere fordert mehr, als den Nachweis der puren Existenz des Anspruchs und die eine wie die andere will nicht gegenwärtige Leistung erzwingen, sondern wegen des geschehenen Eingriffs auf die Zukunft wirken. In der Anspruchsexistenz liegt noch nicht die Behauptung der Befriedigungsbedürftigkeit [62]). Sie folgt aus der hier in selbständigem Thatbestand auftretenden Verletzung, wie die Feststellungsbedürftigkeit aus dem Bestreiten u. dergl. Und dem entsprechend sehen sich hier Feststellungsurteil und Verurteilung gleich, wie ein Ei dem anderen: beide sind, wie CPO. § 775 Abs. 2 sagt: „die Verpflichtung aussprechende Urteile". Beide können den Nachdruck der Strafdrohung in sich aufnehmen, und für keines von ihnen ist sie wesentlich. Beide sind geeignet, Vollstreckungstitel im Sinne des § 775 zu bilden. Und das ist folgerichtig. Denn die einzelne Turbativhandlung schafft, gleich dem Bestreiten, keinen Zustand, der zu beseitigen wäre: sie schafft nicht einen neuen, selbständigen Anspruch. Sie schafft nur die Schutzbedürftigkeit des vorhandenen, festzustellenden und eventuell durch Strafdrohung aufrechtzuerhaltenden Anspruchs.

Ähnlich ist es bei der Turbation absoluten Rechtes, des dinglichen oder des immateriellen Rechtes. Allerdings entsteht hier aus ihr —

---

[62]) Vgl. Windscheid a. a. O. § 107 S. 345 ff.

von der Forderung auf positive Leistung abgesehen — erst das, was wir die Passivlegitimation nennen: die subjektive Beziehung, welche jenes Recht dieser Person gegenüber reagieren läßt, ihr gegenüber es schutzbedürftig macht. Aber nimmt die Zuwiderhandlung nicht eine Form an, welche einen Anspruch auf Zustandsveränderung begründet[63]), so wird doch allein die Pflicht des Beklagten zur Unterlassung (daß er die Zuwiderhandlung zu unterlassen schuldig sei; daß er nicht berechtigt sei, einen Familiennamen, ein Wappen, eine Firma, die fremde Marke zu führen; daß er sich des gewerbsmäßigen Feilhaltens u. dergl. zu enthalten habe) im Urteil festzustellen sein und zwar festzustellen sein ebenso, wenn er sich der Befugnis zur Handlung berühmt hatte, als wenn er sie thatsächlich ausgeübt hatte[64]). Und in beiden Fällen nur so lange, als die Turbation fortwirkt, als sie ein rechtliches Interesse an der Feststellung begründet. Hat der Störer sich nachträglich solcher Handlungen enthalten, so kann die Klage nicht auf vor Jahren begangene Störung, weil etwa durch sie ein selbständiger, selbständig verjährbarer Anspruch (actio negatoria, confessoria) u. dergl. entstanden sei, gegründet werden. — Die nahe Verwandtschaft dieser negatorischen Klagen mit der negativen Feststellungsklage springt in die Augen.

Wie in den vorstehenden Fällen der Gegensatz der Feststellungs- und Leistungsklage durch Annäherung der letzteren an die erstere verwischt erscheint, so schwindet er umgekehrt zu Gunsten der Leistungsklage im Konkurse. Man nennt mit Vorliebe die Klagen der Liquidanten gemäß Konkursordnung § 134 Feststellungsklagen.

---

[63]) Darauf stellen den negatorischen Anspruch auch die Motive des Entwurfs eines bürgerlichen Gesetzbuchs zu § 943 (Bd. III S. 423 Nr. 3) ab im Gegensatz zur Feststellungsklage der CPO. § 231 (das. Nr. 2). Aber sie erkennen, daß die positive Bezeichnung der zuständlichen Eigentumsverletzungen auf „unüberwindliche" Schwierigkeiten stoße. Beispiele S. 424.

[64]) Vgl. dazu den Entwurf des bürgerlichen Gesetzbuchs § 943, 978, 1055. Die Motive Bd. I. S. 367 sprechen hier sehr charakteristisch von einem Anspruch auf Verurteilung zu einem künftigen Verhalten.

Aber sie sind es, nicht allein soweit es sich um den Streit mit den durch den Konkursverwalter vertretenen Kridar handelt, nur dem Namen nach. Im Konkurse wird der Befriedigung suchenden Gläubigerforderung Rechtsschutz gewährt ohne Rücksicht auf ihre Unbedingtheit und Fälligkeit. Sie ist ohne weiteres befriedigungsbedürftig.

4. Ist vorstehend das Verhältnis der Leistungs- zur Feststellungsklage richtig erfaßt, dann lösen sich manche darauf bezügliche Einzelfragen ohne Schwierigkeiten.

Zunächst ist klar, daß von einer objektiven Klagenhäufung im Sinne der Verbindung zweier auf dasselbe Recht bezüglicher Klagarten nicht gesprochen werden kann[65]). Allerdings lassen sich der Antrag auf Verurteilung und Feststellung beispielsweise derart verbunden denken, daß die Forderung, falls sie sich als nicht fällig herausstellen sollte, wenigstens als bedingt festgestellt werde oder derart, daß, falls der Beklagte nicht verpflichtet sein sollte, die besessene Sache dem klagenden Eigentümer herauszugeben, wenigstens dessen Eigentum festgestellt werde. Aber dann ist allemal dasselbe materielle Recht und derselbe Schutzanspruch (gerichtet auf rechtskräftige Entscheidung) im Streit befangen. Nur das Rechtsschutzinteresse wird je nachdem verschieden begründet.

Daraus folgt weiter, daß man von einer Klagänderung nicht reden kann, wenn von der Feststellungs- zur Leistungsklage und umgekehrt übergegangen wird[66]). Der Begriff der Klag-

---

[65]) Daß im übrigen beliebig Klagen auf Leistung und Feststellung gehäuft werden können, versteht sich von selbst, so auch durch Verbindung der Klage auf Feststellung des bedingenden Rechtsverhältnisses und auf Verurteilung betreffs des bedingten Anspruchs, oder durch Verbindung der Klage auf die fälligen Raten mit der Klage auf Feststellung der Schuld (Verurteilung) betreffs der zukünftigen. Nur hüte man sich, von Kumulation zu reden, wenn begehrt wird: „Das Eigentum anzuerkennen und den besitzenden Beklagten demnach zur Herausgabe der Sache zu verurteilen." Vgl. auch OLG. Braunschweig in Seufferts Archiv XXXIX Nr. 285. Schief Rocholl a. a. O. S. 162 ff. Ebenso Reichsgericht II. CS. 25. Oft. 1881 Entsch. V S. 394, V. CS. 2. Jan. 1886, Bolze II Nr. 1568.

[66]) Jetzt ziemlich allgemein angenommen. Vgl. u. a. Entsch. d. Reichsgerichts bei Bolze II Nr. 1562, 1563, III Nr. 1140 III. CS. 9. Januar 1885

änderung ist allein auf den materiellen Streitgegenstand („Anspruch"), nicht auf den Rechtsschutzgrund anwendbar. Es ist denn auch zutreffend bemerkt worden, daß dieser — so sicher er zum Klaggrund im weiteren Sinne gehört — durchaus rechtzeitig eintritt, wenn er bis zum Urteil eintritt[67]. Ist am Schlusse der mündlichen Verhandlung das Rechtsschutzbedürfnis da, so wäre es widersinnig, die Klage abzuweisen. Daher genügt es bei persönlicher Leistungsklage, wenn die Forderung lite pendente fällig wird, bei der Vindikation, wenn der Beklagte vor dem Urteil noch Besitzer wird. Unbedenklich kann, wenn Feststellung des bedingten oder betagten Rechts erbeten ist und dasselbe im Laufe des Prozesses befriedigungsbedürftig wird, die Verurteilung gefordert werden.

Andererseits ist ein Übergang von der Leistungs- zur Feststellungsklage und umgekehrt nicht ohne weiteres, sondern nur dann erfolgreich zulässig, wenn die eine und die andere durch die Thatsachen gestützt ist. Die Feststellungsklage ist keineswegs das Minus gegenüber der Leistungsklage, etwa vergleichbar dem Verhältnis der Publiciana und Vindikation oder der Klage auf geringeres und höheres Quantum[68]. Fehlt es an der Befriedigungsbedürftigkeit des Rechts (Rechtsverletzung), so folgt daraus lediglich die Abweisung der Leistungsklage, nicht die Feststellung des nicht befriedigungsbedürftigen Rechtes. Diese fordert das selbständige Feststellungsinteresse. Der Antrag auf Verurteilung schließt

---

in Jurist. Wochenschr. 1885 S. 90. Dresdner OLG. in Wenglers Archiv 1888 S. 293, Hamburger OLG. in Seufferts Archiv Bd. XL Nr. 87. Braunschweiger OLG. das. XXXIX Nr. 2. Wer freilich in der Feststellungsklage einen selbständigen privatrechtlichen Anspruch (auf Anerkennung, Sicherheitsleistung u. dgl.) sieht, muß sich anders entscheiden.

[67] Treffend O. Bähr a. a. O. S. 154 ff., R. Schmidt, Klagänderung Leipzig 1888 S. 192.

[68] Reichsgericht III. CS., 6. December 1881, Seufferts Archiv XXXVIII Nr. 35 S. 55 ff.: es verkennt der Berufungsrichter die rechtliche Natur der Feststellungsklage, wenn er dieselbe ohne weiteres als die beschränktere (das minus) in der Klage auf Erfüllung mitenthalten ansieht. Vielmehr verfolgen beide Klagen an sich verschiedene Zwecke und sind an verschiedene Voraussetzungen geknüpft.

nicht in sich den Antrag auf Feststellung⁶⁹). Wohl aber kann der Leistungskläger jederzeit im Laufe des Streites, wenn dieser ihm das Feststellungsinteresse schafft, den (eventuellen) Feststellungsantrag stellen, wie er nach § 253 solchen bezüglich des bedingenden Rechtsverhältnisses mit der Klage häufen darf⁷⁰).

Hiermit ist zwar nicht erledigt die viel erörterte Frage: ob die Möglichkeit der Leistungsklage die Feststellungsklage ausschließe, mit anderen Worten, ob diese jener subsidiär sei, aber es ist die richtige Fragestellung angebahnt. Es ist erkannt, daß Feststellungs- und Leistungsklage (als Recht gedacht) zwei individuell verschiedene, auf verschiedenen Voraussetzungen ruhende Rechtsschutzansprüche sind. Die Frage ist also die, ob die Befriedigungsbedürftigkeit eines Rechtes das anderweite Feststellungsinteresse ausschließe und ob, wenn dem nicht so sein sollte, irgend ein Rechtsprinzip nachweisbar ist, welches jene Subsidiarität uns aufnötigt. Die Antwort kann erst später gegeben werden.

IV.
Der Gegenstand der Feststellung.

Wenn ich nun dazu übergehe, den Feststellungsanspruch näher zu entwickeln, so habe ich von vornherein zu bemerken, daß es dabei auf eine erschöpfende Darstellung nicht abgesehen ist. Ich gedenke mich auf die leitenden Gedanken zu beschränken und der Kasuistik nur nachzugehen, wo sie diesem Zwecke sich besonders dienstbar zeigt. Insbesondere leiste ich Verzicht auf die eingehendere Behandlung der überaus wichtigen und interessanten negativen Feststellungsklage und lasse die Klage auf Feststellung der Echtheit oder Unechtheit einer Urkunde ganz beiseite.

Das Gesetz (CPO. § 231) knüpft den Feststellungsanspruch an

---

⁶⁹) So auch nicht in der in Note 65 fingierten Fassung.
⁷⁰) Über die Ratenklage s. oben Note 60, 65 und unten S. 60.

die Voraussetzung eines rechtlichen Interesses an der alsbaldigen Feststellung des Bestehens und Nichtbestehens eines Rechtsverhältnisses, der Echtheit oder Unechtheit einer Urkunde⁷¹). Es macht das Rechtsverhältnis in Bestand oder Nichtbestand, die Urkunde in ihrer Echtheit oder Unechtheit zum Gegenstande der Feststellung selbst. So werde ich von ihm zuerst zu handeln haben. Vorher aber gilt es eine allgemeine Frage zu beantworten: die Frage, nach welchem Gesetz sich die Zulässigkeit der Feststellungsklagen bestimme.

Darauf ist oben, S. 32, bereits die allgemeine Antwort erteilt. Ist die Feststellungsklage ein Rechtsschutzanspruch des Klägers und dieser prozessualisch, so entscheidet über ihre Zulässigkeit heute allein das Reichsrecht, ist sie ein materielles Recht, so kann das Landesrecht hier ergänzend eingreifen. In der That bejahen letzteres viele. Und wenn sie die Feststellungsklage für ein prozessualisches Gebilde halten, so wollen sie doch wieder daneben — freilich widerspruchsvoll genug — civilistische Feststellungsklagen anerkennen und diese aus dem civilen Landesrecht entnehmen. Die Unklarheit, welche hier herrscht, kann nicht leicht größer gedacht werden. Demnach würde das Landesrecht jedwede Feststellungsklage von der Voraussetzung des rechtlichen Feststellungsinteresses entbinden können, indem es ihr die Etikette der civilen Anerkennungsklage anhängt. Demnach würde der § 147 des CGB. Sachsens noch in Kraft sein, soweit er nicht durch die CPO. gedeckt wird; würde ein prozessualischer Rechtssatz, welcher bei betagten oder bedingten Forderungen die Klage nicht von dem Nachweis des Feststellungsinteresses abhängig macht, auch heute noch zu Recht bestehen.

Das ist alles Ernstes behauptet. Die preußische sog. Kündigungsklage ist das Paradigma, an welchem das Prinzip dargelegt wird⁷²). Man versteht unter ihr die vor dem Verfalltag

---

⁷¹) Die Voraussetzung des positiven Schutzanspruchs ist also 1) die Existenz des festzustellenden Rechtes und 2) das Feststellungsinteresse; die Voraussetzung des negativen das letztere und die Nichtexistenz des fraglichen Rechts.

⁷²) Vgl. zu ihr die bei Stein a. a. O. S. 78 Note 3 angeführte Litteratur, besonders die das. angef. Abh. von Herbst.

mit der Wirkung der Kündigung und ohne die Voraussetzungen des § 231 zulässige Leistungsklage und sucht sie als angeblich civilistisches Erzeugnis zu retten vor der Vernichtung durch die Civilprozeßordnung des Reichs, indem man behauptet: die gekündigte Forderung sei mit der Kündigung klagbar, aber erst nach abgelaufener Frist zahlbar; die Kündigung könne als Klage begründende Thatsache mit der Klage selbst verbunden werden. Aber nur der Satz, daß die Klage als Kündigung wirkt, ist civilistisch, dagegen der andere, daß sie vermöge dieser ihrer Wirkung zulässig sei, prozessualisch. Die preußischen Gesetze haben den Zweck, den Weg des Prozesses dem Gläubiger zu eröffnen, damit er sich „ein rechtskräftiges Urteil oder ein gerichtliches Anerkenntnis verschaffe, aus welchem er nach verflossener Aufkündigung Exekution suchen könne". Dieser Zweck aber ist spezifisch prozessualisch und zugleich rechtsgeschäftlich. Es gilt einen vollstreckbaren Titel zu gewinnen, obschon die Voraussetzungen des Rechtsschutzes nicht vorliegen. Die prozessualische Seite der Sache tritt auch darin genugsam hervor, daß es preußische Prozeßgesetze sind, welche diese Ausdehnung des Rechtsstreits auf rechtsgeschäftlichen Zweck anordnen. Alles das aber ist mit der Reichscivilprozeßordnung unverträglich, geradeso unverträglich, wie es partikuläre durch CPO. § 706 nicht vorbehaltene Wege zur Zwangsvollstreckung sind oder der Satz der badischen Civilprozeßordnung (§ 256) ist, daß das Einverständnis der Parteien das Rechtsschutzinteresse bei der Feststellungsklage ersetzen könne [73]).

In eigentümlich interessanter Form macht sich die hier bekämpfte Anschauung in Sprüchen des Reichsgerichts geltend [74]). Sie negieren für gewisse Fälle die Feststellungsklage des § 231, sagen aber, daß in ihnen Feststellungsklage nach civilem Rechte zu-

---

[73]) Der Entwurf eines bürgerlichen Gesetzbuches § 190 Abs. 3 erkennt die Kündigungsklage an. Das wäre Änderung des geltenden Rechts. Die Motive Bd. I S. 366 irren, wenn sie zur Begründung anführen: „die CPO. habe die Bestimmung darüber, ob und inwieweit bei künftigen Leistungen nicht bloß die Feststellung, sondern Verurteilung verlangt werden könne, dem bürgerlichen Recht überlassen."

[74]) Vgl. unten Note 83.

stehe. Sie sagen also: zwar will die deutsche Rechtspflegeordnung in diesen Fällen keine richterliche der Rechtskraft fähige Entscheidung einräumen, aber was das Reich nicht will, das kann die Landesgesetzgebung wollen. Es ist das um so auffallender, wenn man bedenkt, daß doch das Reichsgericht die Feststellungsklage als prozessualisches Gebilde auffaßt, und schlechterdings unerweislich ist, wie sich diese sog. civilen Feststellungsansprüche von denen des § 231 unterscheiden sollen. Etwa durch die erleichterten Voraussetzungen?

Wäre die bekämpfte Anschauung richtig, so hätten wir noch heute die Zulässigkeit der Präjudizialklagen des gemeinen Rechts nicht nach CPO. § 231, sondern den gemeinrechtlichen Regeln zu messen und zu beantworten. Und doch führen die Motive der CPO. § 231 klar aus, wie es gerade darauf abgesehen war, die in ihnen wie in den bereits partikularrechtlich zugelassenen Klagen auf „Anerkennung", „auf Feststellung von Rechtsverhältnissen" liegenden Ansätze im großen und für das ganze Deutschland zu entwickeln, wie man sich bewußt sei, damit ins Materielle zu greifen, daß es aber gelte, „die Rücksicht auf Beseitigung der in der Praxis herrschenden Unsicherheit" und auf die Herbeiführung der Rechtseinheit vorwalten zu lassen [75]).

Sonach bestätige ich den bereits oben S. 32 f. als Ergebnis der ganzen Ausführung gewonnenen Satz: die Feststellungsklage ist prozessualisch, sie ist publizistischer Rechtsschutzanspruch, sie ist nur nach Reichs-, nicht nach Landesrecht [76]).

Und nun zu ihrem Gegenstande.

Das „Rechtsverhältnis" des § 231 ist nicht „Thatsache", auch nicht die rechtsbegründende Thatsache. Der Prozeßzweck ist Rechtsschutzzweck, nicht Beweiszweck, nicht der Zweck der Thatsachenfest-

---

[75]) Die Präjudizialklagen in familienrechtlichen Streitigkeiten erklären auch die Motive des Entwurfs eines bürgerlichen Gesetzbuchs unumwunden für Feststellungsklagen nach CPO. § 231 Bd. I S. 294. 295.

[76]) Zutreffend Kohler in Grünhuts Zeitschrift XIV S. 37.

stellung⁷⁷). Jedoch kann die Rechtsbehauptung sich in die Form thatsächlicher Behauptung kleiden; und das geschieht häufig genug. Daß das, was manche eine rechtlich geschützte Thatsache nennen, — ich meine den Besitz — unter den Begriff des Rechtsverhältnisses des § 231 fällt, ist außer jedem Zweifel⁷⁸).

„Rechtsverhältnis" ist nicht abstraktes, objektives Recht⁷⁹), sondern das konkrete, durch die Herrschaft des Rechtssatzes über einen Thatbestand entstandene rechtliche Verhältnis einer Person⁸⁰). Dabei trägt die doktrinäre Streitfrage nichts aus, ob Rechtsverhältnisse nur von Person zu Person oder auch von Person zu Rechtsobjekt gedacht werden dürfen. Denn der Inhalt des § 231 kann nicht danach bestimmt werden, ob wir uns für das eine oder andere bestimmen. Wo subjektives Recht ist, ist Rechtsverhältnis⁸¹). Das subjektive Recht ist Feststellungsgegenstand. Das Wort „Rechtsverhältnis" ist gewählt, um einerseits dasselbe in seiner Ruhe, Anspruchslosigkeit zu kennzeichnen und auf der anderen Seite die Zusammenfassung eines Komplexes von Rechten als einheitlichen Feststellungsgegenstand zu ermöglichen. Daß dingliches, sagen wir besser absolutes — Recht einen solchen bildet, sprechen zum Überfluß die Motive aus. Will man aber in ihm kein Rechtsverhältnis zwischen Person und Rechtsobjekt finden, so wird man doch zu der Annahme un-

---

⁷⁷) Dem widerspricht nicht die Zulassung der Klage auf Feststellung der Echtheit oder Unechtheit einer Urkunde. Widerspricht sie aber, so hätten wir eine Anomalie, auf welche die Regel Anwendung fände: exceptio firmat regulam.

⁷⁸) So die Klage auf Feststellung, daß ein Rechtsakt simuliert sei (Bolze Bd. II Nr. 1570), eine Hypothek ungültig sei (das. Nr. 1571), der Gegner nicht Mitglied einer Gesellschaft sei (Entsch. d. Reichsg. VIII S. 3). Dagegen unzulässig die Klage auf Feststellung, daß die Parteien nicht den Beischlaf vollzogen (Bähr a. a. O. S. 143 N. 1). Vgl. auch Bolze Bd. II Nr. 1569.

⁷⁹) Vgl. Entsch. d. Reichsgerichts Bd. IV S. 373, Bd. VI S. 387, Bd. XVIII S. 172. Bolze Bd. V Nr. 1062, Zeitschrift für deutschen Civilprozeß Bd. V S. 79. Degenkolb a. a. O. S. 229 Anm. 1.

⁸⁰) Der Begriff des Rechtsverhältnisses wird in den Gesamtdarstellungen des Civilrechts gewöhnlich sehr kurz oder gar nicht behandelt.

⁸¹) Vgl. Bekker, System des heutigen Pandektenrechts, I S. 46.

gezählter Rechtsverhältnisse zwischen den Rechtsträgern und allen denen gedrängt, welche dieses Recht zu respektieren haben. Man kommt zu der bekannten Konstruktion der absoluten Rechte als der Prohibitivnorm und damit wiederum zur Feststellungsfähigkeit derselben [82]).

Aber die begriffliche Unklarheit trägt doch auch hier ihre verderblichen Früchte. Man behauptet im Widerspruch mit dem klaren Wortlaut des Gesetzes, daß Rechtsverhältnisse nur zwischen Personen bestehen, und hat damit einen Grund dafür gewonnen, daß feststellungsfähig nur Rechtsverhältnisse zwischen den Parteien sein können. Freilich wird die These auch von anderer Prämisse aus verteidigt [83]). Sie soll folgen aus der Natur, dem Zweck des Civilprozesses, der Begrenzung der Rechtskraft, der besonderen Tendenz der Feststellungsklage. Wäre der Prozeß Anspruchsverfolgung im materiellen Sinne, die Klage Geltendmachung privatrechtlichen Klagerechts, so würde allerdings ein Recht des Klägers gegenüber dem Beklagten der unerläßliche Prozeßgegenstand sein; da aber dem, wie nachgewiesen, nicht so ist, so kommt alles nur darauf an, ob ein Rechtsschutzinteresse gegenüber einer Person bestehen kann, ohne daß zwischen ihr und dem Kläger ein Verhältnis von Verpflichtetem und Berechtigtem auch nur behauptet wird. Diese

---

[82]) Man vergleiche die wenig klaren Ausführungen bei v. Wilmowski-Levy § 231 Anm. 1 S. 329, wo zunächst gelehrt wird, daß „rechtliche Beziehungen einer Person zu einer Sache" immer nur bestehen in den rechtlichen Beziehungen der Person zur Person.

[83]) Es genügt, zu verweisen auf Entscheidung des Reichsgerichts III. CS. 18. Okt. 1882, Bd. VII S. 459 (erklärt widerspruchsvoll, daß der Streit von Forderungsprätendenten nicht unter § 231 falle, da zwischen ihnen kein Rechtsverhältnis bestehe, legitimiert ihn aber nichtsdestoweniger nach gemeinem Recht als Feststellungsstreit), LG. Hall im Württemb. Gerichtsbl. XXI S. 297. Vgl. v. Kienitz a. a. O. S. 227, welcher allerdings bei Prätendentenstreitigkeiten durch Konstruktion eines Rechtsverhältnisses über die Schwierigkeiten hinwegkommt, A. Förster CPO. § 231 Anm. 4a. Vgl. auch Degenkolb a. a. O. S. 229. Dagegen Seuffert CPO. S. 284, Mandry, Der civilrechtliche Inhalt der Reichsgesetze, 3. Aufl., Freiburg 1885 S. 271, besonders Anm. 19. Vgl. auch O. Bähr a. a. O. S. 152 ff. — Über Rocholls Konfliktsklagen f. mein Handbuch I S. 23 Anm. 28.

Frage aber ist nicht bei der Erörterung des Rechtsverhältnisses, sondern des Feststellungsinteresses zu erledigen. — Vollends haltlos ist die Begründung obiger Thesis aus der präparatorischen Natur der Feststellungsklage, ihrer Bestimmung der zukünftigen Leistungsklage den Boden zu bereiten, aus dem Satze, der Gegenstand der Feststellungsklage sei eine rechtliche Beziehung, aus welcher ein Anspruch auf Leistung entstehen könne[84]). Das alles sind willkürliche, bodenlose Behauptungen, die ihren gebrechlichen Anhalt in Worten der Motive finden und nur falsche Anschauungen über das Wesen des Feststellungsinteresses paraphrasieren. Es ist nach meinen früheren Ausführungen gleichgültig, ob überhaupt das fragliche Rechtsverhältnis geeignet ist, je einen klagbaren Anspruch zu erzeugen. Es ist erwiesen, daß auch vorhandene, aber nicht als befriedigungsbedürftige geltend gemachte Ansprüche zur Feststellungsklage geeignet sind. Es ist, aller Widerrede unerachtet, unbestreitbar, daß die Prätendentenstreite reine Feststellungsstreite sind und doch in ihnen kein Rechtsverhältnis zwischen den Parteien den Feststellungsgegenstand bildet. Letzteres bedarf keines Beweises. Ersteres dagegen folgt aus CPO. §§ 230, 231; denn besteht hier kein Anspruch materieller Natur, kein befriedigungsbedürftiges Recht gegenüber dem Gegner, bezweckt die Klage nichts anderes, als daß der klagende Prätendent das Recht, den Anspruch gegenüber dem dritten im Prozesse rechtskräftig zur Anerkennung bringe, ist man endlich darüber einig, daß er klagen darf, wenn er ein rechtliches Interesse

---

[84]) So Entsch. d. Reichsgerichts V. CS. 19. Dezbr. 1883 Entsch. Bd. X S. 413 ff.: „Jedenfalls ist das Rechtsverhältnis, dessen Feststellung mit dieser Klage gefordert werden kann, nicht die Verpflichtung des Beklagten zu einer Leistung, vielmehr nur die rechtliche Beziehung, aus welcher ein Anspruch auf Leistung entstehen kann." — I. CS. 24. Oktober 1883 S. 421: „Der § 231 CPO. will nur die Voraussetzungen bestimmen, unter welchen auf bloße Feststellung des Bestehens oder Nichtbestehens eines Rechtsverhältnisses (im Gegensatz zu einem aus demselben abgeleiteten kondemnatorischen Ansprüche) eine Klage erhoben werden könne". Bolze Bd. IV Nr. 1182 (der richtige Entscheidungsgrund wäre gewesen, „weil kein Feststellungsinteresse besteht".) Vgl. gegen das Reichsgericht auch v. Kienitz a. a. O. S. 229 ff.

an der alsbaldigen Feststellung hat, so ist hier reine Feststellungsklage, den Regeln des § 231 folgend. Die eigenartige Erscheinung der Hauptintervention (CPO. § 61) und des Interventionsstreites nach CPO. § 72 erledigt diese Kategorie nicht. Wenn der Eigentümer den Eigentumsprätendenten, der Forderungsberechtigte den angeblichen sein Recht ausschließenden Prätendenten im selbständigen Prozeß bekämpft, so ist das nichts anderes, als Anwendung des § 231[85]). Und wo ist das „Rechtsverhältnis" zwischen Kläger und Beklagtem, wenn wegen turbatio verbis der absolut Berechtigte, welcher Rechtsverletzung befürchtet, auf Feststellung klagt? Ist die Anschauung richtig, daß erst durch die Rechtsverletzung der Anspruch, das konkrete Rechtsverhältnis entsteht, so fehlt es hier an solchem sicherlich.

Selbstverständlich muß das Rechtsverhältnis zur Entscheidung auf dem Civilrechtswege geeignet sein[86]).

V.
Das Feststellungsinteresse.

Die Frage des rechtlichen Feststellungsinteresses ist der Tummelplatz reichster Kasuistik. Das Ermessen des Richters hat hier weiten Spielraum. Immerhin lassen sich gewisse, begriffliche Merkmale und Grenzen erkennen.

Das Erfordernis des Feststellungsinteresses ist reichsrechtlich und kann, wie oben dargelegt, landesgesetzlich nicht erlassen werden, wenn die rechtskräftige Bejahung nicht befriedigungsbedürftigen Rechtes des Klägers oder die rechtskräftige Verneinung der beklagtischen Rechtsanmaßung klageweise verfolgt wird. Mit dem Wesen unseres Reichscivilprozesses wird demnach der Begriff in

---

[85]) Das Urteil des IV. CS. vom 10. März 1887 in Seufferts Archiv, Bd. XLII Nr. 187 S. 268 läßt scheinbar die Frage offen, entscheidet sich aber im Grunde genommen gegen die in dem Note 83 angeführten Urteil vertretene Ansicht.

[86]) Vgl. Entsch. d. Reichsgerichts I. CS. 11. Febr. 1882 Bd. VI S. 387, I. CS. 22. Mai 1886 Bd. XVI S. 391 (a. E.).

Einklang zu setzen sein. Sein Zweck muß, wenn auch subjektiviert, Zweck der Feststellungsklage sein, das sie tragende Interesse daher in dieser Zweckerfüllung Befriedigung finden. Der Prozeßzweck aber ist Rechtsschutzzweck. Daher kann — das ist das Erste — das Feststellungsinteresse nicht rechtsgeschäftliches Interesse sein. Nicht das Interesse am Erlangen von Rechten oder rechtlichen Vorteilen, sondern an der Bewährung vorhandener Rechtslage mit den Schutzmitteln des Prozesses trägt die Klage. Der Feststellungsprozeß ist kein Mittel der freiwilligen Gerichtsbarkeit. Also können die Parteien ihn nicht durch Vereinbarung zulassen; die Einwilligung des Beklagten macht die unzulässige Feststellungsklage nicht zulässig [87]). Der einseitige und durch seine wirtschaftliche Lage sehr motivierte Wunsch des Klägers nach einer „unanfechtbaren Formalisierung" seines Rechtes seitens des Richters, der hohe Wert, welchen für ihn der klare Urteilsspruch als Schuldgrund, als eventueller Vollstreckungstitel hätte, können ihn zum Feststellungsanspruch nicht berechtigen. Darin liegt der wichtige Satz: das Bedürfnis nach größerer Rechtssicherheit, Rechtsgewißheit allein begründet die Feststellungsklage nicht. Wer ihrer zu bedürfen glaubt, mag sich bei Zeiten vorsehen — vigilantibus iura sunt scripta —; er mag die dienlichen rechtsgeschäftlichen Formen gebrauchen. Der Prozeß ist nicht der Platz, die Lässigkeit des Rechtsverkehrs auszugleichen [88]).

Der Rechtsschutz fordert Schutzbedürftigkeit, diese aber geht hervor, wenn nicht aus der Rechtsverletzung, dem objektiv rechtswidrigen Zustand, so aus der Rechtsbedrohung, dem die Rechtsunsicherheit hervorrufenden Thatbestand. Verletzung und Ge-

---

[87]) Das betonen schon im Gegensatz gegen früheres abweichendes Landesrecht die Motive und wird konstant vom Reichsgericht festgehalten.

[88]) Also kein Feststellungsinteresse die Befürchtung des Verlustes von Beweismitteln, Zeugen, Urkunden (welche abgängig werden), der wirtschaftliche geringere Wert, welchen vielleicht die noch nicht rechtskräftig festgestellte, wenn auch keineswegs bestrittene Forderung für die Partei hat. Zweifelhaft Entsch. des Reichsgerichts Bd. X S. 368.

fährdung sind die beiden einzigen Formen, in denen Rechtsgüter angegriffen und durch die der Rechtsschutz, in welcher Gestalt auch immer, begründet werden kann. Sollen aber die Schutzmittel gegen den Beklagten verwendet werden — und darum handelt es sich hier —, so muß der schutzberechtigende Thatbestand in seinem Verhalten liegen[89]. Er muß die Rechtsstellung des Klägers (objektiv) angreifen, d. h. verletzen oder bedrohen[90]. Durch dieses rechtserhebliche Verhalten wird die sog. Passivlegitimation des Beklagten gegeben. Sie ist nicht gleichbedeutend mit der Rolle des passiven Subjektes eines Rechtsverhältnisses; denn bei dem negativen Feststellungsstreit liegt's gerade umgekehrt; hier ist der Bedrohende, der Beklagte das aktive Subjekt des abzuurteilenden Rechtsverhältnisses. Die Passivlegitimation ist auch — wie aus dem auf S. 50 Gesagten folgt — nicht gleichbedeutend mit der Rolle als Subjekt des festzustellenden Rechtsverhältnisses überhaupt: denn rechtsbedeutsam gefährden kann dasselbe auch ein dritter. Aber ohne derartigen Angriff keine Feststellungsklage. Man erwäge nur, wie sinnlos es wäre, eine Feststellungsklage gegen den Verpflichteten zu gründen darauf, daß ein dritter sich der Forderung berühmt habe, oder dieselbe leugne.

Das Verhalten des Beklagten muß ein den Rechtsschutz motivierender, ein rechtsbenachteiligender Angriff sein. Es muß so geartet sein, daß es — darauf ist zurückzukommen — gerade im Feststellungsurteil die richtige Reaktion findet. Daraus folgt, daß dasselbe nicht begehrt werden kann, wenn — um strafrechtliche Ausdrücke zu gebrauchen — der Angriff ein Versuch mit untauglichen Mitteln oder am untauglichen Objekte, oder — könnte man fortfahren — vom untauglichen Subjekt her ist. Ich bitte, mich nicht mißzuverstehen; ich meine nicht, daß der Angriff ein doloser sein

---

[89] Davon ist keine Ausnahme die Zulässigkeit der Feststellungsklage auf Grund irgend welcher behördlichen rechtsbenachteiligenden Handlungen, welche sich doch nur als Folgerung aus dem Verhalten des Gegners, seiner thatsächlichen Rechtsberühmung oder Rechtsnegation darstellen. Vgl. Bolze III Nr. 1148.

[90] Daher keine Feststellungsklage nur auf Grund der Möglichkeit solchen Verhaltens, zur Vermeidung von Weiterungen für den Fall, daß 2c.

müsse, — es kommt nur auf die objektive Seite an. Die Sonnenklarheit der Rechtslage, die Unmöglichkeit, dieselbe durch Bestreiten oder Berühmen irgendwie zweifelhaft zu machen, schließt den Angriff aus. Die Verneinung einer Obligation seitens eines beliebigen dritten ist völlig bedeutungslos. Nur der kann sie angreifen, der in ihr steht, oder sie sich selbst anmaßt, also leugnet, verpflichtet zu sein, oder behauptet, berechtigt zu sein. Das Leugnen fremden absoluten Rechtes ist an sich nicht ausreichender Eingriff[91]). Es muß von einer Person ausgehen oder in einer Form auftreten, welche die Sicherheit des Rechts zu erschüttern vermag. — Nie kann der Angriff, welcher auf offenkundigem Rechtsirrtum ruht, die Rechtslage bedrohen[92]). Das Verhalten muß wirklichen Nachteil in sich bergen. Sein wahres Wesen erkennen wir zunächst an der Reaktion, welche dasselbe hervorruft.

Das Feststellungsinteresse als Interesse an der Feststellung muß durch die Feststellung befriedigungsfähig sein. In den Wirkungen des Urteils liegt sein Wert für den Kläger und zwar nicht in nebensächlichen, zufälligen, nachträglich mittelbar sich entwickelnden, sondern in den begrifflich dem Feststellungsurteil, dem Urteil gewünschten Inhalts für den Kläger gegenüber dem Beklagten zukommenden Wirkungen. Das aber sind die Rechtskraftwirkungen. An ihnen ist das „rechtliche Interesse" zu messen. Nicht demnach an etwaigem Gewinn, den außerhalb der Rechtsgewißheit der Prozeß verschaffen könnte: etwa der Aussicht auf vorteilhaften Vergleich, oder an dem moralischen, oder rechtlichen Nutzen des Urteils, welcher nicht im Bereiche des civilprozessualen Rechtsschutzes, der Rechtskraft liegt. Man hat kein Recht auf Feststellung, wenn man etwa durch das Urteil lediglich einen Akt der Ehrenrettung vollziehen[93]) oder für

---

[91]) Vgl. auch Motive zum Entwurf eines Bürgerlichen Gesetzbuchs Bd. III S. 423 Nr. 2.

[92]) Vgl. Seufferts Archiv Bd. IX Nr. 257.

[93]) Um kompromittierende Gerüchte, etwa der Teilnahme an wucherischen oder sonst übel beleumundeten, aber vorteilhaften Geschäften, zu widerlegen. Man kann weder gegen den angeblichen Kontrahenten, noch gegen dritte, welche

einen Strafprozeß ein Präjudiz schaffen will, d. h. ein Vorurteil, welches für das Strafgericht nicht bindend ist⁹⁴). Im allgemeinen kommt ihm diese Kraft nicht zu, auch dann nicht, wenn der Strafrichter von der Befugniß der StPO. § 261 Abs. 2 Gebrauch macht. Es erscheint also die Feststellungsklage damit nicht motiviert, daß möglicherweise der Strafrichter auf sie Gewicht legen oder ihr zufolge der Staatsanwalt die Verfolgung unterlassen werde. Der höchste Gerichtshof hat in folgendem Falle anders entschieden⁹⁵).

Die Kläger, Kossaten auf einem ritterschaftlichen Gut in Mecklenburg, klagten gegen den Gutsherrn auf Feststellung, daß sie zu demselben in einem bäuerlichen Rechtsverhältnisse stehen, wogegen der Beklagte behauptete, daß sie Gutstagelöhner seien. Letztere werden, falls sie ohne Rechtsgrund den Dienst verlassen oder den Gehorsam verweigern, bestraft. Der Gutsherr behauptete die Anwendbarkeit dieser Strafbestimmung gegenüber den Klägern und hatte gegen in gleicher Lage Befindliche bereits Bestrafung beantragt. Das Reichsgericht ließ entgegen dem Oberlandesgericht die Klage zu. Hatten die Kläger, was aus dem Urteil nicht ersichtlich, bereits gegen ihre Pflicht verstoßen, und handelte es sich darum, ob sie für diesen Thatbestand strafbar seien, so war das Urteil zweifellos unrichtig. Denn zu den „Rechtsfolgen" der civilen Feststellung würde dann keinesfalls die Entscheidung über die Strafbarkeit gehört haben. Fragte es sich dagegen um die Zukunft, so könnte das Urteil gerechtfertigt erscheinen nur von der Betrachtung aus, daß es sich um die Unsicherheit über den Inhalt des civilen Rechtsverhältnisses und daher auch um ein aus diesem selbst zu schöpfendes Interesse an seiner Feststellung handelte, wenn auch immer der Streit gerade in Anlaß der etwaigen strafrechtlich ver-

---

verleumden, klagen. Hier ist der Weg des Strafschutzes offen. A. M. Mandry a. a. O. S. 272. Vgl. das Beispiel bei Degenkolb a. a. S. 230 Anm.

⁹⁴) Feststellungsinteresse mit Beziehung auf bevorstehenden Verwaltungsstreit vgl. Bolze Bd. III Nr. 1135, 1136.

⁹⁵) Entsch. des Reichsgerichts Bd. XVI S. 390 I. CS. 22. Mai 1886. So auch OLG. Hamburg in Seufferts Archiv XLI Nr. 167.

schiedenen Folgen der civilistischen Verschiedenheiten entbrannt sein sollte ⁹⁶). Würde durch den Gegensatz „bäuerlich" und „Gutstagelöhner" keine gegenwärtig praktische Verschiedenheit des civilen Rechtsverhältnisses ausgesprochen, so wäre kein civiles Streitobjekt da; man stritte über Normen; es würde die Zulassung der Feststellungsklage gleichbedeutend mit dem Ausspruch sein: die Kossaten wollen wissen, ob sie straflos ihre Rechtspflichten verletzen können oder ob solche Verletzung ein strafbarer Thatbestand ist, daher haben sie ein „rechtliches Interesse" an der Feststellung, ob ihr Rechtsverhältnis das im Strafgesetz geschützte ist. — Mit Recht hat das Reichsgericht in anderer Entscheidung erkannt, daß die Feststellungsklage unzulässig ist darüber, daß der Beklagte nicht berechtigt sei, eine deliktische Handlung zu begehen ⁹⁷). Ebenso unzulässig ist sie darüber, daß eine vom Kläger beabsichtigte rechtswidrige Handlung kein Verbrechen sei.

Das rechtliche Feststellungsinteresse in dem Werte zu suchen, welchen die Rechtskraftswirkung des Urteils für den Kläger hat, erscheint gerechtfertigt durch ihre Beschränkung auf Rechtsverhältnisse des Klägers, durch ihre unerläßliche Tendenz auf das ihm civilistisch günstige Urteil, durch den Prozeßzweck überhaupt. Der Zedent hat keine Klage auf Feststellung der Verität der zedierten Forderung gegenüber dem Schuldner oder einem Forderungsprätendenten; sein Interesse am Schutz gegen Regreß genügt nicht, denn das Urteil könnte gegen ihn nicht schützen. Ebensowenig hat der Verkäufer die Feststellungsklage gegen den eviktionslustigen dritten ⁹⁸). Wir sagen: es fehlt die Aktivlegitimation; wir könnten ebenso gut sagen: es fehlt das Rechtsschutzinteresse. Zu seiner Wahrung giebt das Gesetz hier die eventuelle Nebenintervention ⁹⁹).

---

⁹⁶) So scheint es nach Bolze Bd. III Nr. 1138 im gegenwärtigen Fall gewesen zu sein.

⁹⁷) Bolze Bd. III Nr. 1143.

⁹⁸) Bolze Bd. IV Nr. 1184.

⁹⁹) Beim Prätendentenstreit und zwar zwischen Forderungsprätendenten könnte man das rechtliche Feststellungsinteresse um deswillen anzweifeln wollen,

Also unumstößliche Rechtsgewißheit ist das Ziel des Feststellungs=
anspruchs, Rechtsunsicherheit, ein die Rechtslage in diesem Sinne
erschütterndes, den Kläger benachteiligendes Verhalten des Beklagten
ihr Grund. Wie aber geschieht das?

Rechtsgefährdung[100]) ist verschieden möglich: durch Ent=
fremdung der Vollstreckungsobjekte, Beseitigung der Beweise, Ver=
dunkelung der Rechtslage, Erzeugen subjektiver Ungewißheit in einer
benachteiligenden Weise. Das ist Gefahr im Hinblick auf die zu=
künftige Bewährung des vorhandenen Rechts oder Benachteiligung
der gegenwärtigen Rechtslage. Gegen jene Gefahr ist die Fest=
stellungsklage nicht verwertbar. Wird die wahre Rechtslage zur Zeit
nicht ins Ungewisse gezogen, so bedarf es der Vergewisserung nicht.
Da muß anders, durch Arreste, einstweilige Verfügungen, Maßregeln
zur Sicherung der Beweise geholfen werden. Die subjektive Un=
gewißheit über vorhandene Rechtslage ist der eigentliche Feststellungs=
grund. Sie ist nicht zu denken als eigener Zweifel des Berechtig=
ten, wenn auch dieser möglich ist — er tritt mit fester Behauptung
in der Feststellungsklage auf —; sie ist die Unsicherheit, in welche
der Rechtszustand in den Augen Dritter gerät. In der Unberechen=
barkeit des demnächstigen Verlaufs der Dinge, der Ungewißheit, wie
späterer Rechtsstreit sich entscheiden werde, in dem schädlichen Ein=
fluß, welchen zur Zeit diese Zweifelhaftigkeit der Lage auf den Fest=
stellungskläger übt, ihrer hemmenden und lähmenden Wirkung hin=
sichtlich seines Verhaltens im Rechtsleben, seiner wirtschaftlichen

---

weil das Urteil zwar Rechtskraft schafft inter partes, aber nicht gegenüber dem
Schuldner, also doch nicht eigentlich für die Hauptperson, und dennoch für die
Obligation, das Rechtsverhältnis, welches festgestellt werden soll. Die Sache
liegt so. Allerdings genügt nicht für solche Feststellungsklage die nackte Rechts=
berührung, wie sich unten noch zeigen wird, sondern eine Situation, welche
gerade die rechtskräftige Feststellung inter partes auch dem Schuldner gegenüber,
aber in anderer Beziehung, bedeutsam macht. Die Voraussetzung ist also auch
hier eine wirkliche Bedrohung und daher Schutzbedürftigkeit des Rechtes: ähnlich
wie in den Fällen CPO. § 61, 72.

[100]) Wenn Rechtsverletzung Feststellungsbedürfnis erzeugen kann, so
ist die den Feststellungsanspruch gründende Natur der Handlung ohne weiteres
klar gestellt. Daß sie es kann, s. auch unten S. 60.

Dispositionen, oder, wenn es sich um personen- und familienrechtliche Dinge handelt, seines Handelns im Familienleben u. dgl.: in diesem schädlichen Einfluß liegt das „Interesse", welches das Gesetz fordert. Denn Interesse ist ein Wertbegriff. Also Rechtswerte im weitesten Sinne stehen in Frage. Hier eröffnet sich das freie Feld der Kasuistik[101]). Doch folgende Gedanken geben, wenn auch nur schwankenden, Anhalt:

1. muß der Gegner — sei es mit Worten oder Thaten, dem rechtmäßigen Zustand entgegengetreten sein; auch die Unterlassung kann, wo Äußerung erwartet werden darf, sprechen. Der Normalfall bleibt bei positiver Feststellungsklage das Bestreiten, beziehentlich das mit dem Rechtsbestand unvereinbare Behaupten. Zu letzterem gehört die Prätension des mit dem klägerischen unvereinbaren Rechtes. Zur negativen Feststellungsklage berechtigt immer nur die Rechtsanmaßung.

2. muß dieses Verhalten des Gegners geeignet sein, den Rechtszustand ungewiß zu machen. — Wo Gewißheit bedeutungslos, ist von Ungewißheit nicht zu reden[102]).

3. muß aus der Ungewißheit der angedeutete Nachteil für den Rechtsverkehr erwachsen. So sicher hier nicht vage Behauptungen über Kreditgefährdung, wirtschaftliche Verkümmerung genügen, vielmehr die Beeinträchtigung substantiiert werden muß, so unrichtig scheint mir der zur Ablehnung negativer Feststellungsklage aufgestellte Satz des Reichsgerichts: daß der wirtschaftliche Nachteil der Kreditschädigung durch das Berühmen des Gegners nicht das rechtliche Interesse begründe, weil er ebensowenig wie die durch das Schweben des fraglichen Anspruchs angeblich bedingte Ungewißheit der Vermögenslage des Klägers das rechtliche Interesse treffe[103]). Mit

---

[101]) Dafür geben die Entscheidungen des Reichsgerichts schon jetzt gute Ausbeute.

[102]) Was ein beliebiger Dritter über das Forderungsverhältnis zweier Personen oder das Eigentumsverhältnis einer zu ihm in keine Beziehung gesetzten Sache denken mag, ist völlig gleichgültig.

[103]) Entsch. d. Reichsgerichts IV. CS. 27. September 1883, Bd. X S. 369.

diesem Satz und seiner Begründung wäre die Feststellungsklage in ihren wichtigsten Anwendungsfällen vernichtet. Mit Recht heißt es in dem betreffenden Urteil, „daß ein rechtliches Interesse nur solches sein könne, welches für die Parteien und zwar bezüglich eines bestimmten Rechtsverhältnisses von Bedeutung ist". Aber nicht zutreffend erscheint es, wenn fortgefahren wird: „das rechtliche Interesse kann daher lediglich aus dem konkreten streitigen Rechtsverhältnisse für das letztere entweder selbst oder für andere, davon abhängige und beeinflußte Rechtsbeziehungen, nicht aus andern zufälligen, außerhalb jenes Rechtsverhältnisses liegenden und davon weder unmittelbar noch mittelbar rechtlich berührten Umständen und Verhältnissen entlehnt und hergeleitet werden". Wie kann denn „für das Rechtsverhältnis selbst" etwas von größerem Interesse sein, als seine eigene Existenz? Und würde nicht mit diesem Hinüberspielen des Interessebegriffs lediglich auf das formal juristische Gebiet derselbe gänzlich verflüchtigt? Gerade in dem Einfluß des Urteils auf die die Substanz der civilistischen Rechtsgüter darstellenden Macht- und Wertverhältnisse liegt der Kern der ganzen Sache. Und bei der zur negativen Feststellungsklage herausfordernden ernstlichen Rechtsberührung, d. h. der Behauptung eines Rechtes, Anspruches gegenüber dem Kläger ist allemal die Wahrscheinlichkeit eher für als gegen die Annahme des Interesses. Und ernstlich genug war in dem vom Reichsgericht entschiedenen Fall die Berührung, denn sie war durch den Pfändungsakt und die Überweisung zur Einziehung bethätigt. — Die Anmaßung von Forderungsrechten ist zwar keine Rechtsverletzung im eigentlichen Sinne, so wenig, wie das Einklagen angemaßter Forderungsrechte; aber sie ist durchaus vergleichbar der ernstlichen verbalen Anmaßung von Befugnissen, die mit bestehenden absoluten Rechten nicht in Einklang sind. Wie hier genügen muß für die Feststellungsklage das Interesse der unangefochtenen Ausübung des Rechtes, so dort das Interesse, sicher

---

Mit Entschiedenheit hat sich dagegen erklärt das OLG. Hamburg in dem oben Note 95 citierten Erkenntnis.

zu sein über den Umfang der Passiven und die wirtschaftliche Verfügungsfreiheit hinsichtlich des Vermögens. — Daß das Interesse an der Sicherheit über den Inhalt eines Rechtsverhältnisses, die durch dasselbe der Partei auferlegten Pflichten und gewährten Rechte und demnach über das von ihr zu beobachtende Verhalten, ein ausreichendes sei, kann keinem Zweifel unterliegen und ist vom höchsten Gerichtshof nicht nur in dem letztbesprochenen Urteil, sondern wiederholt anerkannt[104]). — Die Rechtsanmaßung im Sinne des Forderungs-Prätendentenstreits wird dann das Schutzinteresse begründen, wenn sie auf das Verhältnis des Berechtigten gegenüber dem Schuldner von Einfluß ist, diesen in die Lage versetzt, sich auf die vorhandene Rechtsunsicherheit zu berufen, ihr zufolge die Zahlung zu weigern oder gerichtlich zu hinterlegen, oder wenn sie die Verfügung des Gläubigers über die Forderung nachteilig zu verschränken vermag.

Die Rechtsverletzung ist Feststellungsgrund als Nichterfüllung einer Verpflichtung zu fortlaufenden Leistungen; sie motiviert nicht nur die Verurteilungsklage wegen des Fälligen, sondern zugleich den Feststellungsanspruch für die zukünftigen Raten[105]). In dem Nichterfüllen liegt ein Angriff auf das den einzelnen Ratenanspruch erzeugende Totalrecht. Die Erklärung, dieses anzuerkennen, demselben nachleben zu wollen, wäre angesichts der Verletzung protestatio facto contraria, wenn nicht etwa die einzelne Nichtzahlung nur auf isolierten, allein diese Rate treffenden Befreiungsgrund sich stützt. Daher darf die Klage von vornherein auf das gesamte Rechtsverhältnis gestellt werden und ist auch durch Zahlung und Anerkennung während des Prozesses die Verurteilung nicht mehr abzuwenden. Und daher hat mit Unrecht der Entwurf eines bürgerlichen Gesetzbuches § 190 Abs. 2 — offenbar wegen nicht genügender Erkenntnis dieser Zusammenhänge —, die Klage auf „Verurteilung" bei wiederkehrenden Leistungen auf Grund von Rechtsgeschäften ausgeschlossen. Die Motive behandeln diese Klage

---

[104]) Man vgl. z. B. Bolze Bd. III Nr. 1141. 1144. 1150, IV Nr. 1185. 1186.

[105]) S. oben S. 38.

als eine Anomalie und glauben, daß bei rechtsgeschäftlichen Forderungen CPO. § 702 Nr. 5 genüge.

Diese Erörterungen fortzusetzen, ist hier nicht der geeignete Platz. Nur noch auf das eine für den Feststellungsanspruch wesentliche Merkmal des Schutzinteresses will ich — unter Vorbehalt der Frage nach der sogen. Subsidiarität der Feststellungsklage — hinweisen: es muß ein Interesse an **alsbaldiger Feststellung** sein. Das liegt in der Natur der Sache. Man hat Feststellungsinteresse, Rechtsschutzanspruch immer nur zur Zeit; ob jenes später vorliegen wird, wer kann es wissen? Aber doch deckt sich dieses Moment der Gegenwärtigkeit nicht ganz mit dem Begriff des Feststellungsinteresses. Besondere Umstände können es nämlich motivieren, daß eine Feststellung schon jetzt gefordert werden darf, während nach der Natur des das Interesse begründenden Thatbestandes man zweifeln könnte, ob das Schutzbedürfnis nicht eigentlich in der Zukunft liege. Solch ein Umstand kann gefunden werden in der drohenden Verschlechterung der Beweislage, überhaupt der voraussichtlich nachteiligeren Gestaltung der Rechtsverfolgung. Man könnte sagen, hier werde die Nativität des Feststellungsanspruches verfrüht [106]).

Ich komme zum Schlusse. Er gilt der aufgesparten Frage nach der **Subsidiarität der Feststellungsklage**. Schließt die Möglichkeit der Leistungsklage die Feststellungsklage aus? Die Antwort ergiebt sich nach den bisherigen Ausführungen von selbst. Weder schließt der Leistungs- (Verurteilungs-) den Feststellungsanspruch ein, noch schließt er ihn aus. Beide sind unabhängig von einander, auf Grund selbständiger Voraussetzungen, und kein begrifflicher oder gesetzlicher Grund steht der gleichzeitigen Koexistenz beider Ansprüche entgegen.

Eine gesetzliche Regelung des Verhältnisses beider Ansprüche finden manche Schriftsteller in der Forderung des Interesses an „als-

---

[106]) Vgl. Bolze Bd. IV Nr. 1189. Der durch Präklusion, Ablauf der Verjährung drohende Rechtsverlust ist Interessegrund; vgl. Bolze II Nr. 1563, V Nr. 1070.

baldiger" Feststellung. Sie legen dieses Wort so aus: es müsse der Kläger ein Interesse an der Prozeßantizipation haben: d. h. daran, daß vor dem Prozesse über den Anspruch das Rechtsverhältnis festgestellt werde. Das Wort „alsbald" bezeichne nicht die Notwendigkeit sofortiger Feststellung, sondern nur die Feststellung vor der Erhebung der Leistungsklage, obschon solche noch nicht zulässig sei[107]. Dabei stützt man sich auf die Worte der Motive, welche die Feststellungsklage rechtfertigen aus dem Feststellungsbedürfnis vor dem Beanspruchen der „materiellen Folgen" des Rechtsverhältnisses. Wie gebrechlich dieser Halt ist, bedarf keiner weiteren Ausführung mehr. Auch ist der dem Worte „alsbald" zukommende Sinn bereits klargestellt. An dem Beispiel der Klage auf Feststellung des gegenwärtigen, aber noch nicht bezifferten und in diesem Prozeß nicht zu beziffernden Schadenersatzanspruchs wurde gezeigt, daß es Feststellungsklage trotz vorhandener Befriedigungsbedürftigkeit des Rechts und zwar Klage auf Feststellung des Anspruchsbestandes selbst giebt.

Mit Recht ist denn auch der allgemeine Rechtssatz zurückgewiesen worden[108]: daß der Beklagte ein Recht darauf habe, nicht mit vermeidlicher Pluralität der Prozesse behelligt zu werden[109].

---

[107] So Rocholl a. a. O. S. 153, Seuffert, CPO. S. 284 tit. c. Auch in Entscheidungen des Reichsgerichts kehrt dieser Gedankengang wieder, vgl. z. B. das Urteil des V. CS. in der Note 109.

[108] O. Bähr, Rechtsfälle S. 168.

[109] Dieser Gedanke kehrt öfter in den Entscheidungen des Reichsgerichts wieder, z. B. in der vielcitierten des III. CS., 3. Mai 1881, Bd. IV S. 438; V. CS., 17. Januar 1885 in den Beiträgen zur Erläuterung u. s. w. Bd. XXIX S. 418 („eine derartige Teilung und Trennung des Klagerechts würde zur willkürlichen Vervielfältigung der Prozesse führen, welche dem Kläger nicht gestattet sein kann"), IV. CS., 22. Juni 1885 Bd. XIII S. 437; II. CS., 4. Oktober 1887 in der Juristischen Wochenschrift 1887 S. 434 Nr. 8 („der Absicht des Gesetzgebers aber konnte es nicht entsprechen, in die Willkür des Klägers zu stellen, wegen eines und desselben Anspruchs zwei Prozesse zu erheben, den Beklagten zweimal zur Einlassung auf die Klage zu zwingen und ihn unnötigerweise mit doppelten Kosten zu belasten"). Plenarentscheidung vom 28. Juni 1888 in Jurist. Wochenschrift 1888 S. 362 („prozessualischer

Eine solche exceptio litis dividuae kennt unser Recht nicht. Der Berechtigte ist nicht gehindert, mit aufeinanderfolgenden Teilklagen seinen Gegner zu plagen. Mag dieser doch vollzahlen, wenn er sich dem entziehen will, oder mag er widerklageweise den ganzen Anspruch in den Prozeß ziehen, falls er die Totalentscheidung wünscht. Und wer sagt denn, daß z. B. der auf Feststellung des Eigentums gegen den Besitzer erhobenen Klage notwendig die rei vindicatio folgen müsse? Würde nicht, wenn dem so wäre, jener allgemeine Rechtssatz gegen die Feststellungsklage auch dann sprechen, wenn zwar der Beklagte Besitzer, aber noch nicht verpflichtet zur Rückgabe ist? Tritt hier nicht klar zu Tage, daß ganz andere Erwägungen, als jene prozeßpolitische Betrachtung über die Verminderung der Prozesse entscheidend sind? Die Subsidiarität der Feststellungsklage ist sonach im Rechte nicht begründet[110]).

Umgekehrt darf freilich auch nicht aus der Zulässigkeit der Leistungsklage ohne weiteres auf die der Feststellungsklage geschlossen werden[111]). Die Befriedigungsbedürftigkeit des Rechts ist Schutzgrund für den Anspruch, nicht Schutzgrund für das ihm zu Grunde liegende Recht, wenn es nicht als befriedigungsbedürftiges geltend gemacht wird. Ich habe diesen Gedanken schon oben S. 39 ausgeführt. Die Feststellungsklage ist nicht das Minus gegenüber der Leistungsklage. Es ist nicht richtig, wenn in Anwendung auf ihr Verhältnis gesagt wird: Der Beklagte habe kein Interesse daran, nicht sofort mit der **strengeren** Klage verfolgt zu werden. Denn

---

Grundsatz": „daß es dem Kläger nicht gestattet ist, willkürlich die mehreren Streitpunkte auseinanderzureißen und den Beklagten, obgleich er sein ganzes Recht in **einem** Prozesse durchführen kann, unnötigerweise in zwei Prozesse zu verwickeln").

[110]) Anders die frühere sächsische Praxis auf Grund des Bürg. Gesetzbuchs § 147, vgl. Wengler und Brachmann, Das Bürg. Gesetzbuch Bd. I § 147, OLG. Braunschweig in Seufferts Archiv Bd. XXXV Nr. 175, XXXVI Nr. 123; Bayer. OLG., Blätter f. Rechtsanwendung XLVII. Jahrg. S. 230 f.

[111]) Das ist die Meinung von O. Bähr a. a. O. S. 168 f. So u. a. auch das reformierte Urteil des Kasseler OLG. in Entsch. des Reichsgerichts Bd. IV S. 437 f.

nicht die größere Milde kennzeichnet die Feststellungsklage, sondern das andere Rechtsschutzinteresse.

Das Reichsgericht hat daher dort den richtigen Weg beschritten, wo es auch bei möglicher Leistungsklage die Feststellungsklage unter der Voraussetzung des besonderen Feststellungsinteresses für zulässig erklärt[112]).

Dabei geht es gelegentlich von der Vorstellung aus, daß an und für sich normal die Leistungsklage anzustellen wäre, und nur ausnahmsweise, nämlich wenn besondere „Hinderungsgründe" dargelegt würden, die Feststellungsklage Platz greife[113]). Das Zustellungsinteresse würde sich danach wesentlich negativ bestimmen, ein Interesse sein: „nicht auf Erfüllung zu klagen"[114]). Da aber doch offensichtlich das Interesse, nicht auf Leistung zu klagen, noch keineswegs das Interesse am Feststellungsschutz ist, so finde ich in jenem Gedanken des Reichsgerichts den Kern: die pure Anspruchsexistenz begründet Entscheidungsanspruch, dieser kann, obschon an und für sich Verurteilungsanspruch, zum Feststellungsanspruch werden, wenn der Verfolgung des ersteren hindernde Momente entgegenstehen. Das ist nicht richtig. Man muß unterscheiden, angesichts vorhandenen befriedigungsbedürftigen Rechtes, also purer Anspruchsexistenz, zwischen der Feststellungsklage, welche den Anspruch selbst als nicht befriedigungsbedürftigen (nicht beziffernten) geltend macht, und derjenigen, die das ihm zu Grunde liegende Recht (Rechtsverhältnis) zum Gegenstande hat. Ich habe bereits oben S. 39 dargelegt, daß im ersteren Falle die Thatsache der Behinderung an der Bezifferung des Anspruchs, z. B. der Mangel der Beweismittel u. dergl.,

---

[112]) Vgl. Urteile des Reichsgerichts in Entsch. Bd. IV S. 438, V S. 394, XIII S. 437 (verba: „nicht ohne besonderen Grund", „nicht ohne einen rechtfertigenden Grund"), Bolze, Bd. V Nr. 1064, Beiträge zur Erl. Bd. XXIX S. 419, Bd. XXXII S. 1179 f., Jurist. Wochenschrift 1888 S. 177 Nr. 3, Plenarentscheidung, daselbst S. 363 f., vgl. auch Entsch. von O. Bähr a. a. O. S. 148 Nr. 8.

[113]) So besonders deutlich in dem Urteil des IV. CS. in Jurist. Wochenschrift 1888 S. 177.

[114]) Vgl. O. Bähr a. a. O. S. 168.

doch keinen Grund abgeben kann, den illiquiden Anspruch etwa gegen denjenigen feststellen zu lassen, welcher den Schuldgrund gar nicht bestreitet, vielleicht dem Berechtigten ausdrückliches Anerkenntnis seiner Haftpflicht ausgestellt hat. Und in dem anderen Falle kann die Leistungsklage die Feststellungsklage schon deshalb nicht ausschließen oder doch der Regel nach ausschließen, weil beide verschiedenen Gegenstand haben. Der Vindikationsberechtigte kann nicht mit der einfachen Berufung auf irgend welche Hemmnisse sich auf die Präjudizialklage zurückziehen. Denn an und für sich liegt in der Thatsache des widerrechtlichen Besitzes, dem Nichterfüllen des dinglichen Anspruchs noch keineswegs das Bestreiten des Eigentums, ein Angriff auf dasselbe, welcher seine Feststellung herausforderte. Kann nicht die Herausgabe verweigert werden, weil ein Gegenrecht angenommen wird, während das Eigentum keinen Augenblick geleugnet wurde? Und ähnlich steht es bei allen dinglichen Rechten, bei allen Rechtsverhältnissen obligatorischer Natur, aus denen ein einzelner fälliger Anspruch erwachsen ist. Andererseits ist in allen solchen Fällen nicht abzusehen, wie die Möglichkeit der Leistungsklage in irgend einer Weise verschränkend auf den Feststellungsanspruch wirken soll? Nur das eine ist zuzugeben: dieser darf in seinem rechtlichen Interesse an alsbaldiger Feststellung nicht begründet werden mit dem Hinweis auf die Rechtsverletzung und deren Beseitigung. Der Vindikationsberechtigte kann mit der Klage auf Feststellung des Eigentums nicht durchdringen, wenn er sie stützt auf die Thatsache, daß das Eigentum vom Besitzer bestritten und infolge dessen die Herausgabe verweigert wird, denn solche Feststellungsklage ist schlechterdings nicht geeignet, das vorhandene Interesse zu befriedigen. Aber hat der Vindikationsberechtigte kein Interesse an der Rückgabe, liegt ihm jedoch daran, das Eigentumsrecht festgestellt zu sehen, weil die Anerkennung und ungehinderte Durchführung seiner Verfügungen über das Objekt davon abhängt, so ist die Feststellungsklage das richtige Schutzmittel. Man muß sich also freimachen von der bisher beliebten Verschränkung des einen Rechtsschutzanspruchs durch den andern. Jeder hat seine selbständigen positiven Voraussetzungen; der eine ist nicht eine Ausnahme von der Regelmäßigkeit des anderen. Die Möglichkeit der Leistungsklage schließt nur eine Feststellungsklage aus, welche in der Befriedigungsbedürftigkeit ihren Schutzgrund finden wollte, denn solche Klage wäre nur als Leistungsklage, als Klage auf Feststellung des befriedigungsbedürftigen Anspruchs denkbar und als Feststellungsklage ohne das richtige Petitum. Der Feststellungsschutz aber hat trotz der Befriedigungsbedürftigkeit des festzustellenden Rechtes überall dort Berechtigung, wo ein anderes rechtliches Interesse an der alsbaldigen Feststellung vorliegt.

Printed by Libri Plureos GmbH
in Hamburg, Germany